ab ins glas

andrea karrer

ab ins glas

marmeladen • chutneys • pikante genüsse

Mit Fotos von Luzia Ellert

Residenz Verlag

Bibliografische Information der Deutschen Bibliothek
Die Deutsche Bibliothek verzeichnet diese Publikation in
der Deutschen Nationalbibliografie; detaillierte bibliografische Daten
sind im Internet über http://dnb.ddb.deabrufbar.

www.residenzverlag.at

2. Auflage 2007 Residenz Verlag
im Niederösterreichischen Pressehaus
Druck- und Verlagsgesellschaft mbH
St. Pölten – Salzburg

Fotos: Luzia Ellert,
außer Seite: 6, 15, 59, 63, 67, 93, 134 Luzia Ellert/ORF Nachlese
Berechnung der Broteinheiten: Angelika Hochreiter
Cover/Grafische Gestaltung: Silvia Wahrstätter / buchgestaltung.at
Gesamtherstellung: CPI Moravia Books

ISBN 978 3 7017 3042 1

Inhalt

Einleitung

Meine Leidenschaft, in alten Kochbüchern zu blättern, zeigt mir, dass zu einer Zeit, als Zucker noch kostbar und dementsprechend teuer war, sich findige Hausfrauen einiges an alternativ-kreativen Konservierungsmethoden einfallen ließen – und sie erwiesen sich als wahre Künstlerinnen. Da wurden Zitronen etwa in Salz eingegraben, Zwetschken in Wachs getaucht und dann an einem Faden aufgehängt und Weichseln in Honig mit Gewürznelken und Zimt eingelegt. Muskatnüsse weichte man acht Tage in sauren und acht Tage in süßen Wein ein, durchstach sie mit einer Gabel und bewahrte sie als köstliche Nascherei in Zuckerwasser auf. Melonenschalen wurden in gewürztem Zucker-Essigwasser eingesotten und als pikante Zugabe zu Rindfleisch oder Wildbret serviert, Ribiseltrauben in Eiweiß und Rosenwasser getunkt und in Zucker gewälzt …

Zucker, den wir heute mit so leichter Hand verkochen, war bis ins 19. Jahrhundert eine große Kostbarkeit. Nicht umsonst haben die schönen alten Zuckerdosen aus Silber einen Schlüssel zum Versperren.

Wie so viele seltene Gewürze kam der Rohrzucker über Indien und Arabien nach Europa. Die Kreuzritter mögen wohl auch im Heiligen Land ihre ersten Marmeladen verkostet haben.

Nach der Entdeckung Amerikas kam das Zuckerrohr von den Westindischen Inseln nach Europa, und es waren die Portugiesen, die daraus Quittenmarmelade machten. Daher kommt auch das Wort Marmelo, welches Honigapfel, also Quitte, bedeutet. Dank des hohen Pektingehaltes gelierte das Quittenmus sofort und war dadurch besonders lange haltbar. Quittenmark war auch für viele Jahre die einzige Marmelade, die man nur an der Tafel des Adels oder reicher Kaufleute fand. Kaiser Ferdinand I. ließ 1522 eine eigene „Compostery" zur Zubereitung von Konfitüren am kaiserlichen Hof in Wien errichten.

Und dann entdeckte man den nun auch für viele erschwinglichen Rübenzucker, verfeinerte die Technik der Zuckergewinnung und produzierte die verschiedensten Zuckerarten. Die Hausfrau, die entdeckte, dass Obst in Zuckerlösung nicht nur köstlich schmeckt, sondern auch besonders haltbar ist, verdient den „Großen Küchenorden mit gekreuzten Kochlöffeln".

Aber noch immer war das Einkochen ein Kräfte zehrendes Unternehmen. Hutzucker musste zerschlagen werden, Zuckerlösungen wurden vorbereitet und aus Angst vor Zersetzung wurden die Marmeladen stundenlang am Feuer gehalten, bis mit den Keimen garantiert auch die widerstandsfähigsten Vitamine und Aromen zu Tode gekocht waren. Was da am Ende eines Einkochtages alles passieren konnte, schildert ein altes Küchenlied:

„In mein' Siruphäferl sitzt 's Marienkäferl.
I nimm 's aussi und schleck 's ab.
Na, vor derer Jausen
tät ma heut no grausen,
denn 's Marienkäferl war – a Schwab."–

Oft gibt es auch Diskussionen, ob man Konfitüre oder Marmelade sagt. Grundsätzlich kann man heute feststellen, dass dies eine Geschmacksfrage. Die Konfitüren-Verordnung der EU besagt, dass nur mehr Fruchtaufstriche aus Zitrusfrüchten als Marmelade bezeichnet werden dürfen, alles andere wird Konfitüre genannt. Verantwortlich dafür waren die Engländer, die ausschließlich die britische Orangenmarmelade als „Marmelade" bezeichneten. In Österreich ist 2003 ein Streit zwischen Staat und EU ausgebrochen, wer denn nun Schuld daran habe, dass hierzulande, wo Konfitüre genau so beliebt ist, wie Kloß für Knödel oder Aprikose für Marille, auf die heiß geliebte Marmelade als Bezeichnung verzichtet werden muss. Im Juni kam es schließlich zu einer weisen Einigung: In Österreich ist das Wort Marmelade auf Etiketten generell erlaubt, nur auf Packungen für den Export muss Konfitüre aufgedruckt werden. Beruhigt dürfen wir uns also weiterhin Marillen-Marmelade aufs Frühstückssemmerl streichen.

Zucker

Wie einfach ist da für uns das Marmeladekochen geworden. Mit Gelierzucker verkürzt sich die Kochzeit auf ein Minimum, das macht die Marmeladen aromatisch und frisch. Übrigens: Herr Feix, der über das Pektin-Patent verfügte, hatte große Mühe, die Vorzüge von Pektin an die Hausfrauen näherzubringen. Er kooperierte 1950 mit einer deutschen Zuckerfabrik, die in der Folge Lizenzen zur Herstellung von Gelierzucker am europäischen Markt vergab. Erst 1970 kam Gelierzucker auf den österreichischen Markt. Gelierzucker ist eine Mischung aus Kristallzucker, Pektin und Zitronensäure. Fruchtgeschmack und Vitamine bleiben erhalten.

Gelierzucker 1:1 ist Feinkristallzucker, der mit Pektin und Zitronensäure im richtigen Verhältnis abgemischt ist. Früchte und Zucker werden im Verhältnis 1:1 verarbeitet. Er ist besonders geeignet für säuerliche Früchte und Früchte mit empfindlichen Farbstoffen.

Beim Gelierzucker 2:1 kommen zwei Teile Früchte auf einen Teil Zucker. Er enthält zusätzlich Sorbinsäure, um die Konservierung zu unterstützen.

Gelierzucker 3:1 bringt am meisten Fruchtgeschmack. Drei Teile Früchte werden mit einem Teil Gelierzucker eingekocht. Er enthält ebenfalls Zitronensäure, Pektin und Konservierungsstoffe.

Falls man einmal nur eine Teilmenge aus einer Gelierzuckerpackung benötigt, sollte man den ganzen Packungsinhalt in eine Schüssel geben, gut durchmengen, damit sich die Bestandteile gleichmäßig verteilen. Die benötigte Menge abwiegen und den Rest wieder in die Packung geben.

Tipp: Gelierzucker hat nicht nur beim Marmeladekochen große Vorteile: Auch Kompotte bekommen einen molligen Saft. Obers und Eiklar werden früher steif, wenn man Gelierzucker beifügt. Topfenteige und Topfenfüllungen werden kompakter.

Haushaltszucker braucht man zum Konservieren, zum Süßen, kann auch zum Gelieren von Marmeladen sowie Gelees verwendet werden. Die festigende Wirkung des Zuckers ist abhängig von der Menge. Zu wenig Zucker begünstigt eine Gärung, zu viel Zucker beeinträchtigt die Gelierfähigkeit und kann zum Auskristallisieren des Einmachgutes führen. Wird der Zucker dazugegeben, bevor die Früchte weich sind, werden sie fest, und dann hilft auch kein langes Kochen mehr, um die Früchte weich zu bekommen. Dieser Effekt kann aber manchmal nützlich sein. Wenn sehr weiche Früchte wie Erdbeeren oder Himbeeren nicht zerfallen sollen, dann bestreut man sie mit Zucker und lässt sie einige Stunden durchziehen.

Tipp: Vorgewärmter Zucker: Zucker löst sich rascher auf, wenn er bereits warm ist. Dafür die benötigte Zuckermenge in eine hitzebeständige Schüssel füllen und etwa 20 Minuten im vorgeheizten Rohr bei kleinster Temperaturwahl vorwärmen. Der Zucker sollte warm, aber nicht heiß sein.

Gelierpulver werden auf der Basis von Fruchtsäuren, Pektinen und Traubenzucker erzeugt. Das Süßungsmittel gibt man sich nach Geschmack separat dazu. Gelierpulver bekommt man in den Verhältnissen 1:1, 2:1 und 3:1. Gelierpulver 3:1 kann auch mit Fruchtzucker verarbeitet werden.

Nicht alle Früchte gelieren gleich gut, das hängt von ihrem Anteil an Pektin ab. Pektin wurde erstmals 1870 identifiziert.
Pektin kommt in den Zellwänden von Pflanzenzellen vor, wird aber auch industriell aus Apfel- und Orangenfruchtfleisch hergestellt. Es ist ein natürliches Dickungsmittel, das zusammen mit Fruchtsäure und Zucker das Gelieren bewirkt.

Pektingehalt verschiedener Früchte

Für die Herstellung von Marmelade und Gelees ist es ratsam, den Pektingehalt der verschiedenen Früchte zu beachten.

Hoch: Holzäpfel, Kochäpfel (wie z. B. Boskop, Jonathan, Renette, Berlepsch, James Grieve), Berberitzen, Ebereschen, Heidelbeeren, Limetten, Mispeln, Orangen (vor allem Bitterorangen), Preiselbeeren, Quitten, Ribiseln, Stachelbeeren, Zitronen.

Mittel: Birnen, Brombeeren, Himbeeren, Marillen, Maulbeeren, Mirabellen, Pflaumen, Renekloden, Sanddorn, Stachelbeeren, Tafeläpfel (wie z. B. Golden Delicious).

Gering: Ananas, Bananen, Erdbeeren, Feigen, Guaven, Holunderbeeren, Kirschen, Kiwis, Mangos, Melonen, Nektarinen, Pfirsiche, Rhabarber, Weintrauben – sie gewinnen, wenn man sie mit pektinreichen Früchten kombiniert.

Unreife Früchte enthalten mehr Pektin als reife Früchte derselben Art, aber knapp vor der Vollreife entwickelt die Frucht den höchsten Anteil an Pektin, dann zerfällt es wieder.

Einen direkten Einfluss auf die Gelierfähigkeit von Marmeladen und Gelees hat der unterschiedliche Pektingehalt der Früchte nur, wenn man keine Gelierhilfe verwendet.

Pflanzliche Bindemittel: Mit Agar-Agar oder Johannisbrotkernmehl kann man ebenfalls eindicken. Agar-Agar wird aus Rotalgen gewonnen. Es wird mit Flüssigkeit kurz gekocht und geliert beim Erkalten. Beachten Sie bei der Dosierung sehr genau die Packungsangaben, schon kleine Abweichungen ergeben manchmal eine ganz andere Konsistenz.

Brauner Zucker und Roh-Rohrzucker kann man wie Haushaltszucker verwenden. Man sollte aber darauf achten, dass diese Zuckersorten Aroma und Farbe von zarten Früchten nicht überdecken. Für pikante Chutneys und Relishes sind diese Zuckersorten sehr gut geeignet.

Marmelade kann man auch mit Honig konservieren: etwa 800 g Honig auf 2 kg Erdbeeren oder 500 g Honig auf 2 kg Marillen. Jedoch hat Honig einen ausgeprägten Eigengeschmack und kann auch die Gelierfähigkeit der Früchte beeinträchtigen.

Säure erhöht die Gelierfähigkeit der Früchte. Sie ist entweder natürlich in den Früchten vorhanden oder wird in Form von Zitronensäure hinzugefügt. Übrigens nimmt der Säuregehalt in den Früchten mit ihrer Reife ab. Zusätzliche Säure benötigen wild wachsende Brombeeren oder späte Kulturbrombeeren, aber auch Erdbeeren, Kirschen, Tafeläpfel sowie Kürbisse.
1 Päckchen mit 7 g entspricht etwa 7 Esslöffeln Saft.
Auf 1,8 kg pektin- und säurearme Früchte rechnet man ½ Teelöffel Zitronensäure oder 2 Esslöffel Zitronensaft.

Obstqualität

Nur einwandfreies, gut reifes, aber nicht überreifes Obst und Gemüse verwenden. Achten Sie auf besonders aromatische Sorten – möglichst frisch gepflückt!

Ernten bzw. kaufen Sie nur so viel Obst und Gemüse, wie sie an einem Tag verarbeiten können.Wird Obst und Gemüse zu lange gelagert, verliert es wertvolle Vitamine und Inhaltsstoffe und büßt einen Teil seines Säure- und Aromagehaltes ein.
Ernten sollte man vor allem morgens und bei trockenem Wetter. Bei Regen gepflücktes Gemüse und Obst enthalten einerseits zu viel Wasser und auf der anderen Seite relativ wenig Aroma.

Auch überreife Früchte sollte man nicht verwenden, da das natürlich vorkommende Geliermittel Pektin in überreifen Früchten wieder zum großen Teil abgebaut ist.
Früchte gründlich waschen und putzen. Selbst allerkleinste Druck- sowie Faulstellen sollten Sie entfernen.

Utensilien

Töpfe sollten ausreichend groß sein, da sie nur bis zur Hälfte mit Einkochgut gefüllt werden sollten, da es wegen starker Schaumbildung leicht spritzt und es zu Verbrennungen kommen kann.
Bei einem weiten, großen Topf verdampft der Wasseranteil des Obstes und Gemüses besser. Der Topf sollte einen planen, starken Boden haben, damit die Wärme gleichmäßig verteilt wird und nichts anbrennen kann.
Zum Sterilisieren eignet sich ein Topf mit 6–8 Liter Fassungsvermögen.

Exakte Haushaltswaage

Dampfentsafter sind sehr praktisch, wenn man oft und größere Fruchtmengen entsaftet. Er besteht aus dem Wasserbehälter, in dem Wasser kocht und den Dampf erzeugt, der durch die Früchte im darüber liegenden Korb aufsteigt, kondensiert und als Fruchtsaft im Saftkorb sammelt.

Stabmixer zum Zerkleinern bzw. Pürieren von Früchten.

Passiergerät („Flotte Lotte“) entfernt Kerne und Schalen aus Frucht- oder Gemüsepürees. Man kann solche Pürees aber auch mit einer Teigkarte durch ein Sieb streichen; ist mühsam und dauert länger.

Glasheber ist ein zangenartiges Küchengerät, mit dem Sie Einmachgläser aus dem heißen Wasser herausheben können – eine geniale Erfindung zum Schutz Ihrer Finger!

WECK

Entsteiner ist für Kirschen, Weichseln und kleine Zwetschken sehr hilfreich und zeitsparend.

Passiertücher (Mulltücher) aus Stoff oder Nylon sind zur Saftgewinnung für Gelees notwendig. Sollten vor jeder Verwendung ausgekocht werden.

Kleine Musselinsäckchen, Teefilter aus Papier mit kleinen Verschlussklammern oder Teeeier sind perfekt für Gewürze oder Kerne, die nach dem Kochen wieder entfernt werden sollen.

Einfülltrichter mit kurzem, weitem Hals erleichtern das Umgießen und Füllen der Gläser.

Lochschöpfer zum Abschäumen von Trübstoffen und Schaum.

Kochlöffel und Schöpfer

Tipp: Sauberkeit bei den Gläsern, Küchen- und Arbeitsgeräten!

Die besten Behälter

Twist-off-Gläser (= Gläser mit Schraubdeckel): Die Deckel sind genormt. Kaufen Sie für schon gebrauchte Twist-off-Gläser neue Deckel. Dann schließen die Gläser wieder dicht – und die frisch eingekochte Marmelade schmeckt nicht nach Knoblauch.

Einkochgläser mit Gummiringen: Sowohl jene mit Federklammern als auch die mit Schnappverschluss sind nur fürs Einkochen geeignet, beim Heißeinfüllen bildet sich kein ausreichendes Vakuum.

Tipp: Bei Twist-off-Glasern geht manchmal der Deckel nicht auf: Meist reicht es aus, das Glas umzudrehen, mit der Hand kräftig auf den Glasboden schlagen, dann lockert sich der Deckel.

Bei Verwendung von Cellophan taucht man zwei passend zugeschnittene Stücke in 96%igen Alkohol. Mit zwei Gummiringen verschließen und nochmals gut nachspannen.

Tipp: Doppeltes Cellophan ist ein guter Schutz gegen Wespen und Bienen bzw. Motten.

Gläser sterilisieren

Im Backrohr: Gläser im vorgeheizten Rohr bei 120 °C (100 °C Heißluft) mindestens 10 Minuten sterilisieren (Diese Methode ist wirkungsvoller, als die Gläser heiß auszukochen). Deckel von Twist-off-Gläsern und Gummis von Einmachgläsern in der Zwischenzeit in kochendem Essigwasser sterilisieren, damit sie nicht zu sehr austrocknen und somit brüchig und spröde werden.

In der Mikrowelle: Wenn Sie nur kleine Mengen einkochen, ist diese Methode ideal. Gläser mit Wasser füllen und in der Mikrowelle einmal aufkochen lassen.

Gut aufbewahrt

Alle Gläser werden grundsätzlich sofort verschlossen (außer es ist im Rezept anders angegeben) und zugedeckt, dann lässt man sie abkühlen. Jedes Einmachgut sollte an einem temperierten Ort stehen, um Temperaturschwankungen zu vermeiden. Vor der Lagerung nochmals die Verschlüsse prüfen, Gläser reinigen. Anschließend sollte das Eingekochte kühl (5–15 °C), dunkel, luftig und trocken aufbewahrt werden. Am besten ist ein kühler Keller- oder Vorratsraum geeignet. Lagern Sie Ihre eingekochten Schätze auf keinen Fall in der Küche, dort sind die Temperaturschwankungen zu groß. Nur sehr kleine Vorräte, die schnell aufgebraucht werden, kann man in der Küche aufbewahren.

Angebrochene Gläser sollten im Kühlschrank aufbewahrt und möglichst rasch verbraucht werden.

Grundsätzlich ist die Haltbarkeit vom Zuckergehalt, von der Zubereitungsart und auch von den Verschlüssen abhängig. Am besten schließen Gläser mit Twist-off-Deckeln. Wer Zellophan verwendet muss mit einer kürzeren Lagerfähigkeit rechnen, da es luftdurchlässig ist und so Marmeladen schneller austrocknen bzw. leichter zu schimmeln beginnen können.

Marmeladen und Gelees halten mindestens ein Jahr, Chutneys, Relishes durchschnittlich 4–6 Monate.

Die meisten Chutneys sollten etwa 4 Wochen dunkel und kühl gelagert werden, bevor man sie isst.

Marmelade und Gelee

Die wichtigsten Tipps, damit Ihre Marmeladen und Gelees auch sicher gelingen:

- Nur einwandfreies, gut reifes, aber nicht überreifes Obst und Gemüse verwenden.

- Achten Sie auf besonders aromatische Sorten – möglichst frisch gepflückt!

- Wählen Sie die richtige Früchtemenge: ½ kg ist die unterste, bei mehr als 2 kg stimmen die Kochzeiten nicht mehr, weil nicht genug Flüssigkeit verdampft.

- Ist die Obstmenge zu groß, um sie an einem Tag zu verarbeiten, verrührt man die vorbereiteten Früchte mit Gelierzucker, stellt sie – über Nacht – an einen kühlen Ort und kocht sie am nächsten Tag ein.

- Sie können auch Früchte einfrieren. Sie verschaffen sich so nicht nur Vorrat, sondern man kann Früchte aus anderen Saisonen zu neuen Mischvarianten verarbeiten.

- Wenn Sie Marmelade zubereiten, lassen Sie die gewaschenen, genussfertigen Früchte mit dem Gelierzucker ein paar Stunden durchziehen, so geliert die Marmelade besser.

- Früchte (eventuell püriert) langsam zum Sieden bringen (je langsamer und geduldiger bei moderaten Temperaturen Sie die Marmelade zubereiten, mit umso intensiverem Fruchtaroma und Geschmack werden Sie belohnt). Anschließend kurz sprudelnd kochen lassen.

• Der aufsteigenden Schaum, der sich beim Kochen bildet, stellt keine Qualitätsbeeinträchtigung dar. Wen er stört, der sollte ihn mit einem Lochschöpfer immer wieder abschöpfen.

• Gelierprobe: Nach Beendigung der angegebenen Kochzeit nimmt man den Topf von der Hitze (damit die Marmelade nicht weiter kocht), tropft etwas von der Marmelade auf einen kalten Teller (umsichtige Leute stellen ihn dazu schon vorher ins Tiefkühlfach). Wenn die Marmelade geliert und sich kein Wasserrand bildet, dann ist sie ausreichend gekocht.
Oder man lässt einen Tropfen Marmelade in ein Glas kaltes Wasser fallen. Bildet sich ein Klümpchen, ist die Marmelade genügend gekocht und kann in Gläser gefüllt werden.
Sollte die Gelierprobe nicht gelingen, muss man die Marmelade nochmals aufkochen bzw. die Gelierfähigkeit durch Zugabe eines Geliermittels erhöhen. Eine erneute Gelierprobe gibt Gewissheit. Einfacher geht es mit einem Zuckerthermometer: Marmelade geliert bei 104 °C.

• Hochprozentiges wird erst beigegeben, wenn die Marmelade fertig gekocht ist.

• Die Gläser immer auf ein feuchtes Tuch stellen, damit sie beim Einfüllen nicht springen.

• Marmelade noch heiß und möglichst bis zum Rand in die vorbereiteten Gläser füllen. Dafür verwendet man am besten einen Einkochtrichter, damit keine Marmelade auf die Glasränder gelangt.
Grundsätzlich können Marmeladen und Gelees bis zum Rand in Gläser abgefüllt werden.

• Eventuell ein wenig Hochprozentiges auf die Marmelade gießen, anzünden und sofort verschließen. Dadurch wird die restliche Luft keimfrei, es entsteht ein Unterdruck, der Deckel hält besser dicht. Die verschlossenen Gläser nach dem Einfüllen etwa 5–10 Minuten auf den Kopf stellen – so verteilen sich die Früchte gleichmäßig im Glas und beim Abkühlen entsteht im Glasinneren ein Unterdruck, der Glas und Deckel zusammenhält. Die Bildung von Schimmelpilzen wird so gering gehalten.

- Vergessen Sie die (selbstklebenden) Etiketten mit Abfülldatum und Inhaltsbeschreibung nicht!

- Jedoch einmal geöffnet: immer im Kühlschrank aufbewahren.

Marmelade

Grundrezept Marmelade

Zutaten für etwa 1 ¼ Liter

1 kg Früchte, gewaschen und entkernt
250 g Gelierzucker 2:1
Saft von 1 Zitrone

Früchte (größere Früchte wie Marillen, Zwetschken oder Pfirsiche vorher großwürfelig schneiden) mit Gelierzucker sowie Zitronensaft vermengen und etwa 1 Stunde ziehen lassen. Anschließend Früchte aufkochen lassen und – je nach Pektingehalt – 5–15 Minuten sprudelnd kochen lassen.

Tipp: Schaum mit einem Esslöffel entfernen.

Sterile Gläser auf ein feuchtes Tuch stellen. Marmelade heiß einfüllen, eventuell mit etwas hochprozentigem Alkohol (Rum, Weinbrand, Obstbrand etc.) übergießen und Gläser sofort verschließen. Gläser 5 Minuten auf den Deckel stellen, anschließend umdrehen und auskühlen lassen.
Kühl und trocken lagern.

Roh gerührte bzw. kalt gerührte Marmelade schmeckt besonders fruchtig. Aroma und Vitamingehalt bleiben wesentlich besser erhalten als bei gekochten Marmeladen.

Früchte – am besten eignen sich Beeren – mit Gelierzucker und Zitronensaft mit dem Pürierstab gut durchmixen, bis der Zucker vollständig aufgelöst ist, und in Gläser füllen.
Im Kühlschrank nicht länger als 3 Monate aufbewahren.

Gelee

Gelee wird nur aus dem Saft der Früchte hergestellt, den man mit ganz einfachen Mitteln selbst gewinnen kann. Von Rhabarber im Frühjahr bis zu Zitrusfrüchten im Winter eignet sich praktisch jedes Obst.

Methoden zur Saftgewinnung:

Durch Abtropfen – wie zu Großmutters Zeiten; empfiehlt sich für Leute, die nur selten und nur in kleinen Mengen Saft selbst machen. Sie füllen die vorbereiteten Früchte mit wenig Wasser (¼ l – ½ l pro kg Frucht) in einen Topf und kochen sie bei geringer Hitze weich (das dauert je nach Sorte bis zu 40 Minuten). Die weich gekochten Früchte samt Saft in ein mit einem Mulltuch ausgelegtes Sieb gießen und den Saft abtropfen lassen.

Tipp: Das Mulltuch sollte nass sein, damit der Saft leichter ablaufen kann. Die Früchte nicht ausdrücken, sonst wird der Saft trüb. Damit er haltbar wird, muss er danach noch mit Zucker aufgekocht werden.

Im Schnellkochtopf macht das Entsaften kleinerer Obstmengen wesentlich weniger Arbeit. In den Topf gießt man Wasser, darüber den ungelochten Einsatz und zum Schluss den gelochten Siebeinsatz, der mit den vorbereiteten Früchten gefüllt ist. Jetzt braucht man nur noch den Deckel verschließen und die Früchte kochen. Die genaue Zeit zum Entsaften und Gebrauchsanweisung des Herstellers unbedingt beachten.

Im Dampfentsafter: Der Kauf lohnt sich vor allem zum Entsaften größerer Obstmengen. In den unteren Teil des Entsafters wird Wasser gefüllt, darüber kommt der Fruchtkorb mit dem Obst und gegebenenfalls dem Zucker.

Jetzt müssen Sie nur das Wasser im Topf zum Kochen bringen und z. B. für Beeren 30 Minuten kochen lassen. Wichtig: Bei zu langer Dampfentsaftung gerät zu viel Wasser in den Saft und das Gelee geliert später schlecht.

Eine Zentrifuge (Saftpresse) ist zum Entsaften roher Früchte, auch aller Beeren, geeignet. Um den Saft haltbar zu machen, muss man ihn nach dem Entsaften mindestens 5 Minuten mit Zucker kochen. Falls man Gelee machen will: durch ein Mulltuch abtropfen lassen, sonst wird das Gelee trüb.

Süßes Fruchtkompott

Eine regelrechte „Galerie" von etikettierten Rexgläsern waren die Regale in der Speis meiner Großmutter – und wenn dann im Winter ein Glas mit Dunstkirschen heruntergeholt und geöffnet wurde, stieg verführerischer Geruch in die Nase. Mit einem Schlag war die Welt in Ordnung, denn die Verheißung bedeutete so gut wie immer: es gibt Rahmschmarren mit Kompott.

Bei Eingemachtem mit geringem Zucker- oder Säuregehalt müssen die gefüllten Gläser entweder im Einkochtopf oder im Backrohr sterilisiert werden. Für Letzteres wird ein Küchentuch in die Fettpfanne des Backrohrs oder in eine große Bratwanne gelegt, darauf die gefüllten Gläser setzen. Hinweis: Die Gläser sollen sich aber nicht berühren. Die Fettpfanne zur Hälfte mit Wasser füllen – wurde das Einmachgut kalt eingefüllt, so verwendet man kaltes Wasser, für heiß abgefüllte Gläser heißes Wasser.

Tipp: Eventuell Gläser mit feuchtem Zeitungspapier abdecken, damit die Gummiringe nicht überhitzt werden.

Wenn der Herd nicht die Bezeichnung „Sterilisieren" am Temperaturregler hat, dann kocht man das Einmachgut im Backrohr bei 160 °C Heißluft ein (oder im vorgeheizten Rohr bei 175 °C). Im Heißluftherd können Sie zwei Lagen übereinander ins Rohr geben. Je nach Größe und Anzahl der Gläser kann es bis zu einer Stunde dauern, bis Perlen aufsteigen, erst dann beginnt die Einkochzeit. Für weiche Früchte etwa 20 Minuten, harte Früchte

30 Minuten, wobei man 10 Minuten vor Ende der Einkochzeit das Backrohr ausschaltet, da die gespeicherte Restwärme ausreicht. Dann nimmt man die Gläser heraus, stellt sie auf ein Tuch und lässt sie bei Zimmertemperatur abkühlen. Erst wenn das Einmachgut vollkommen erkaltet ist, darf man die Metallklammern lösen. Nun kann man prüfen, ob der Deckel fest schließt. Falls dies nicht der Fall ist, offene Gläser kühl stellen und den Inhalt schnell verbrauchen.

Die ganz schnelle Variante: Heißeinfüllen bereitet wesentlich weniger Arbeit und hat das echte Einkochen weitgehend abgelöst. Kompott in einem Topf kochen, in saubere Gläser füllen. Einen Schuss Alkohol in den Deckel gießen, anzünden und sofort auf das Glas drücken und verschließen. Es entsteht dadurch ein Unterdruck und hält die Gläser dicht.
Nur besonders empfindliche Früchte mit geringem Zucker- und Säuregehalt werden nach wie vor am besten traditionell eingekocht.

Grundrezept für das Heißeinfüllen

Zutaten für etwa 2 ½ Liter

2 kg Früchte, gewaschen, geputzt
600 g Zucker

Zucker mit Wasser aufkochen. Eventuell zerkleinerte Früchte beifügen und darin – je nach Größe der Früchte – 5–7 Minuten kochen.
Früchte mit einem Lochschöpfer herausnehmen und in sterile Gläser bis etwa 2 cm unterhalb der Oberkante schichten. Zuckersirup nochmals aufkochen und über die Früchte gießen.

Tipp: Die Früchte müssen vollständig mit Sirup bedeckt sein. Gläser gut verschließen, etwa 10 Minuten auf den Kopf stellen, umdrehen und auskühlen lassen. Um die konservierende Wirkung zu unterstützen, kann man einige Tropfen hochprozentigen Alkohol im Deckel anzünden und aufsetzen. Dadurch entsteht ein Keim ausschließendes Vakuum.

Pikant Eingelegtes

Früher war es notwendig, Vorräte für den Winter anzulegen. Für meine Großmutter hing der richtige Zeitpunkt zum Einkochen auch vom Wetter ab: Bei Wetterumschwung oder Tiefdruckwetter hat sie nicht gerne eingekocht. „Die Gläser würden heute anlaufen", hat sie gesagt und an solchen Tagen auf das Einlegen verzichtet. Die Keimbelastung in der Luft ist bei Niederdruck höher – und somit steigt auch die Gefahr, dass Schimmelsporen ins Glas kommen.

- Verwenden Sie zum Einkochen, sobald Essig mit im Spiel ist, keine Töpfe aus Aluminium, Kupfer oder Messing, da die Essigsäure diese Materialien verätzt. Am besten eignen sich stabile Töpfe aus Edelstahl.
- Für die konservierende Wirkung sorgen entweder Essig, eine Essig-Zucker-Mischung, Salz und Öl.

- Essig ist nicht nur die geschmackliche Komponente, er ist auch für die Konservierung verantwortlich. Der Säuregehalt des Suds sollte mindestens 2 % betragen. Essige haben in der Regel einen Säuregehalt von 5 bis 6 %, können also verdünnt werden. Zitronensaft hat sogar 10 % Säuregehalt. Die Standardmarinade besteht aus 4,5 Teilen Essig und 5,5 Teilen Wasser (450 ml Essig und 550 ml Wasser; Variante Zitronensaft: 250 ml Zitronensaft und 750 ml Wasser).

- Durchschnittlich benötigt man für 2 kg Gemüse 1 Liter Essigsud. Auf 1 Liter Marinade rechnet man 10 g Salz.

- Damit der Säuregehalt durch das im Gemüse enthaltene Wasser nicht zu sehr sinkt, müssen viele Gemüse vor dem Einlegen entwässert werden – durch Einlegen in Salz oder Salzlake (Gurkerln) oder durch Backen im Rohr (Rote Rüben) oder durch Kochen oder Blanchieren in Salzwasser (kleine Zwiebeln, Fisolen).

- Anschließend schlichtet man sie in Gläser (falls sie in Salz eingelegt waren, gut abwaschen) und füllt mit heißem Essigsud auf. Das Gemüse muss mindestens 2 cm mit Sud bedeckt sein. Bei manchen Rezepten wird das Ganze am nächsten Tag wiederholt, um die Haltbarkeit zu verlängern.

- Zweite Möglichkeit ist, dass man das Gemüse in der Essiglösung mit Gewürzen und Kräutern gart und dann heiß in Gläser füllt.

- Damit das Aroma der gewürzten Marinade das Gemüse ganz durchdringt, sticht man größere Exemplare (Gurken oder Paradeiser) mit einem Zahnstocher an.

- Gläser bis zum Rand auffüllen. Ist nicht genug Marinade da, füllt man mit Öl (vorzugsweise Olivenöl) auf, das sorgt für Luftabschluss.

- Eingelegtes Gemüse hält etwa 6 Monate, braucht nicht zusätzlich sterilisiert werden, außer man wünscht eine längere Haltbarkeit.

Grundrezept für süßsauer Eingelegtes

Zutaten für etwa 1 ¾ Liter

1 kg Gemüse oder Obst, geputzt, gewaschen, in kleine Stücke geschnitten
½ l Essig (5 %)
2–3 TL Zucker
Gewürze und Kräuter nach Geschmack bzw. Rezept

Essig mit ¼ l Wasser und den restlichen Zutaten aufkochen, Gemüse oder Obst darin garen. Früchte mit einem Lochschöpfer aus dem Fond heben und in sterile Gläser schichten. Essigsud nochmals aufkochen und über die Früchte gießen.

Tipp: Früchte müssen vollständig bedeckt sein. Gläser verschließen.

Einlegen von Früchten in Alkohol

Früchte werden in hochprozentige Spirituosen eingelegt, sodass alle schädlichen Mikroorganismen abgetötet werden. Hochprozentige Brände wie Weinbrand, Calvados oder auch 54%iger Rum sind dafür bestens geeignet. Die Art der Brände sollte auf die Fruchtart harmonisch abgestimmt sein. Sparen Sie nicht am falschen Platz, verwenden Sie nur hochwertige Brände!
Je niedriger der Alkoholgehalt, desto niedriger ist die Haltbarkeit der eingelegten Früchte. Eine zusätzliche Konservierung wird durch den Zucker ausgeübt. Er wird meist mit den Früchten vor dem Einlegen vermengt. Man rechnet auf zwei Teile Früchte ein Teil Zucker.
In Alkohol eingelegte Früchte sollte man nach dem Ansetzen noch etwa 5–6 Wochen ziehen lassen, bevor man die erste Kostprobe macht.

Chutneys, Relishes

Chutneys, Relishes und Pickles sind würzige Beilagen zu Fleisch, Fisch, Eiern, Reis- und Nudelgerichten.

Chutneys sind süßsaure, dick eingekochte Marmeladen, die ganz mild bis ganz scharf schmecken können. Das Wort stammt ursprünglich aus der indischen Sprache (hindisch: chatni) und bedeutet „scharf gewürzt“. Die britischen Kolonialherren brachten das Chutney nach Europa. Diese facettenreichen Würzmarmeladen werden unter Verwendung von sehr feinwürfelig geschnittenen Früchten oder Gemüse, (braunem) Zucker oder Honig, Essig (Weißwein-, Rotwein-, Apfel- oder Obstessig) und Gewürzen (z. B. Ingwer, Zimt, Nelken, Pfeffer, Piment oder Chili) zubereitet. Bei manchen Rezepten wird zusätzlich Wein hinzugefügt. Für die Herstellung gibt es keine allgemein gültige Zubereitungsart.
Meist werden die Früchte so lange gekocht, bis die Masse eine marmeladige Konsistenz hat.

Pickles sind klein geschnittene Gemüse und Früchte, die in eine dicke, süßsaure Sauce eingelegt werden.

Relishes (kommt von „to relish something“: etwas genießen) bestehen aus ganz klein geschnittenem, aber noch stückigem Gemüse wie Zwiebeln, Paprika, Pilzen oder Gurken. Sie werden mit Essig und/oder Wein und Gewürzen dick eingekocht.

Diabetikertipps

Auch Diabetiker müssen nicht auf selbst zubereitete Marmeladen verzichten. Im Handel (Reformhaus) gibt es Diabetiker-Gelierzucker, der hauptsächlich aus den Zuckeraustauschstoffen Fruktose und Sorbit besteht.

Diabetiker-Gelierfruchtzucker enthält neben Zitronensäure, Pektinen und Sorbinsäure nur Fruchtzucker und ist daher für Diabetiker geeignet. Früchte und Diabetiker-Gelierfruchtzucker werden im Verhältnis 3:1 eingekocht. Wenn Sie keinen Diabetiker-Gelierzucker bekommen, dann gelingen Marmeladen mit normalem Diabetikerzucker und zusätzlich Pektin, Gelatine oder Agar-Agar.
4 Blätter Gelatine entsprechen etwa 5 g Agar-Agar.

Grundrezept Diabetiker-Marmelade

Zutaten für ½ Liter

300 g Früchte, gewaschen, entkernt
100 g Gelier-Fruchtzucker 3:1
2 EL Zitronensaft

100ml (bei Marillen als Früchte) enthalten 2 BE

Früchte klein schneiden oder pürieren und mit Gelier-Fruchtzucker sowie Zitronensaft vermengen; bei geringer Hitze langsam aufkochen lassen und 3 Minuten bei großer Hitze sprudelnd kochen. Sofort in saubere Gläser füllen, gut verschließen und etwa 5 Minuten auf den Kopf stellen.

Grundrezept Diabetiker-Marmelade mit Fruchtstücken

Zutaten für 2 Liter

1 kg Früchte, gewaschen, entkernt
1 kg Fruchtzucker
10 g Zitronensäure
7 EL Geliermittel

100 g enthalten 4,4 BE

Die Hälfte der Früchte klein schneiden, restliche Früchte pürieren, mit Fruchtzucker sowie Zitronensäure vermengen; bei geringer Hitze langsam aufkochen und 5 Minuten sprudelnd kochen lassen. Geliermittel beifügen, nochmals aufkochen lassen und sofort in saubere Gläser füllen. Gut verschließen und etwa 5 Minuten auf den Kopf stellen.

Grundrezept Diabetiker-Gelee

Zutaten für ½ kg

25 g Gelierpulver
400 g Fruchtzucker
¾ l Fruchtsaft

100 g enthalten 3,75 BE

Gelierpulver mit Fruchtzucker sowie Saft gut verrühren. Unter Rühren langsam aufkochen lassen und 1 Minute sprudelnd kochen. Sofort in saubere Gläser füllen, gut verschließen und etwa 5 Minuten auf den Kopf stellen.

Pannenhilfe

• Wenn die Marmelade zu dünn ist, war der Sommer feucht oder man hat nach längerem Regen geerntet, und dadurch können Früchte mehr Wasser enthalten als sonst. Jeweils 1 kg der zu dünnen Marmelade unter intensivem Rühren nochmals aufkochen und 2–3 Minuten sprudelnd kochen lassen. Gelierprobe machen und abfüllen.

Wenn man saure Früchte (z. B. Ribiseln) mit Gelierzucker 2:1 eingekocht oder solch sauren Früchten noch zusätzlich Zitronensaft beigefügt hat, kann die Marmelade dünn sein. Hier hilft entweder Pektin oder Apfelsaft beimengen.

• Trübe Marmelade: Früchte waren nicht einwandfrei oder nicht sauber.

• Kristallisierte, körnige Marmelade: Marmelade kochte bereits, bevor sich der Zucker vollständig aufgelöst hatte. Marmelade nochmals aufkochen, etwas Wasser oder Alkohol (z. B. Weinbrand, Whisky, Likör) beifügen und erneut abfüllen.
Und es fehlte Zitronensäure. Marmelade nochmals aufkochen und Zitronensaft beifügen
Letzten Kochtests zufolge kann sich beim Kochen von stückigen Marmeladen, besonders bei Verwendung von tiefgefrorenen (nicht vollständig aufgetauten) Früchten, bei zu kurzer Kochzeit das Pektin nicht vollständig entfaltet haben. Während der Lagerung kann es dann zu einem Pektinabbau führen und die Marmelade wird im Laufe der Zeit wieder dünnflüssig. In diesem Fall sollte die Marmelade mindestens 8 Minuten sprudelnd gekocht werden.

• Dunkle, flüssige Marmelade wurde über den Gelierpunkt hinaus gekocht.

• Harte, eingetrocknete Marmelade mit blasser Farbe und relativ geschmacklos: Zu lange gekocht oder zu warm bzw. feucht gelagert.

• Marmelade geliert nicht:
Entweder wurde die Marmelade nicht lange genug gekocht, dann die Marmelade nochmals bis zur Gelierprobe kochen.

Früchte enthielten zu wenig Pektin: flüssiges Pektin unter die fertige Marmelade rühren.

Wenn die Marmelade aus sehr süßen Früchten nicht geliert, trotz Gelierzucker 1:1, kann es daran liegen, dass die Früchte nicht genug Fruchtsäure haben. Da hilft die Zugabe von 2–3 Esslöffeln Zitronensaft, nochmals 2–3 Minuten sprudelnd aufkochen.

• Trübes Gelee: Wenn man die Früchte im Topf – also nicht im Dampfentsafter – entsaftet und dann zu stark auspresst, kann der Fruchtsaft und somit auch das Gelee trüb werden. Es ist kein Geschmacksfehler, sondern nur ein Schönheitsfehler. Für einen klaren Saft am besten über Nacht abtropfen lassen, ohne zusätzlichen Druck auf die Früchte auszuüben.

• Sirupähnliches, dunkles Gelee, das nicht fest wird: Gelee wurde über den Gelierpunkt hinaus gekocht.

• Körniger, kristallisierter Zucker: Saft wurde aufgekocht, der Zucker hat sich nicht vollständig aufgelöst.

Rezepte von A–Z

Winterapfelmarmelade mit Mandeln

Zutaten für etwas 1 ¼ Liter

50 g Rosinen
4 EL Rum
1,2 kg säuerliche Äpfel
2 TL Zitronenschale (unbehandelt), abgerieben
5 EL Zitronensaft
500 g Gelierzucker 2:1
Mark von 1 Vanilleschote
1 TL Zimt (gemahlen)
40 g Mandeln, gehackt
½ Phiole Bittermandelaroma

Rosinen in Rum einweichen. Äpfel schälen, entkernen und kleinwürfelig schneiden; sofort mit Zitronenschale sowie -saft vermengen. 1 kg Fruchtfleisch abwiegen und mit Gelierzucker in einen Topf geben, gut vermengen und etwa 1 Stunde durchziehen lassen. Vanillemark und Zimt untermengen. Mandeln in einer Pfanne ohne Fett hellbraun rösten und mit dem Bittermandelaroma sowie den Rosinen zu den Äpfeln geben. Unter Rühren aufkochen und 3 Minuten sprudelnd kochen. Heiß in saubere Gläser füllen.

BE: 4,5 / 100 ml
H: 6 Monate

Apfel-Wacholder-Gelee

Zutaten für 1 ½ Liter

1½ kg Äpfel (z. B. Cox Orange oder Jonagold)
3 Wacholderbeeren, grob zerstoßen
Mark von 1 Vanilleschote
1 kg Gelierzucker 1:1
2 EL Wacholderschnaps

Äpfel waschen und mit dem Kerngehäuse in Stücke schneiden. Mit 600 ml Wasser und Wacholderbeeren aufkochen und zugedeckt bei geringer Hitze 25 Minuten kochen.
Fruchtmus durch ein Mulltuch passieren. Es sollte etwa 1 Liter Saft ergeben.
Saft, Vanillemark, Gelierzucker und Wacholderschnaps zum Kochen bringen und 4 Minuten sprudelnd kochen lassen. Sofort in Gläser füllen.

Tipp: Statt mit Äpfeln können Sie dieses Gelee auch mit Birnen oder Quitten zubereiten.

BE: 6,5 / 100 ml
H: 1 Jahr

Mostapfel-Gelee

Mostäpfel ungeschält und mit Kerngehäusen grob hacken und mit Nelken sowie 1 ¾ l Wasser aufkochen und zugedeckt bei geringer Hitze etwa 75 Minuten kochen; dabei gelegentlich umrühren. Fruchtmasse samt Saft in ein mit einem Mulltuch ausgelegtes Sieb geben und etwa 8 Stunden abtropfen lassen. Jeweils 570 ml Saft mit 450 g vorgewärmtem Zucker vermengen und unter Rühren bei geringer Hitze erhitzen, bis sich der Zucker vollständig aufgelöst hat. Anschließend bei starker Hitze etwa 10 Minuten sprudelnd kochen lassen; von der Hitze nehmen. Gelee in Gläser füllen.

Zutaten für etwa 1 ½ Liter

2 ½ kg Mostäpfel
6 Gewürznelken
vorgewärmter Zucker (s. S.11)

Tipp: Mostäpfel sind zum Rohessen viel zu sauer. Es ist mühsam, sie zu schälen und zu entkernen. Ideal sie also für ein Gelee zu verarbeiten. Nelken unterstreichen ihr würziges Aroma.

BE: 6,5 / 100 ml
H: 1 Jahr

Apfelchutney

Äpfel schälen, vierteln, entkernen und in kleine Würfel schneiden. Mit Zucker kurz aufkochen. Zimtstange, Minze, zerbröselte Chilischote, Weißwein, Apfelschnaps, Essig beifügen und mit Salz würzen. Bei mittlerer Hitze etwa 10–15 Minuten einkochen lassen.

Zutaten für 4 Portionen

4 säuerliche Äpfel
100 g Zucker
1 Zimtstange
1 EL Minzeblättchen, gehackt
½ Chilischote, getrocknet
15 cl Weißwein (trocken)
5 cl Apfelschnaps
4 cl Apfelessig
Salz

Tipp: Apfelchutney paßt sehr gut zu Schweinsbraten, Schinken, Entenbrust, gebratener Leber, Blutwurst.

BE: 4,5 / Portion
R: 3 Wochen
H: 6 Monate

Würziges Apfelmus

Zutaten für etwa 1 Liter

1 l Apfelwein (trocken)
675 g Kochäpfel (Boskop, Renetten, Berlepsch), geschält, entkernt und in Scheiben geschnitten
675 g aromatische Tafeläpfel (Cox Orange, Kronprinz Rudolf, Gala), geschält, entkernt und in Scheiben geschnitten
Saft und Schale, abgerieben, von 1 Zitrone (unbehandelt)
vorgewärmter Zucker (s. S.11)
½ TL Zimt (gemahlen)
½ TL Muskat, frisch gerieben

Apfelwein aufkochen und bei starker Hitze auf die Hälfte einkochen lassen. Vorbereitete Äpfel mit Zitronensaft und -schale beifügen und zugedeckt bei mittlerer Hitze etwa 20–30 Minuten dickbreiig einkochen. Hinweis: Öfter umrühren.
Äpfel durch ein Sieb passieren. Püree abwiegen. Auf jeweils 350 g Püree 175 g Zucker zugeben und mit Zimt sowie Muskat unter Rühren erhitzen, bis sich der Zucker vollständig aufgelöst hat. Fruchtmasse bei geringer Hitze etwa 25 Minuten kochen, bis der Brei stark eingedickt ist. Es soll die Konsistenz einer Creme haben.
Apfelmus in warme Gläser füllen und gut verschließen.

Tipp: Schmeckt sehr gut zu Erdäpfelpuffern: 500 g fest kochende, rohe Erdäpfel schälen, waschen und fein reiben. Masse mithilfe eines Küchentuchs leicht ausdrücken. Mit 40 g Mehl und 1 Ei sowie Salz und Prise Muskat gut vermengen. Die Masse soll locker und saftig sein. Teig portionsweise in eine Pfanne mit heissem Öl oder Butterschmalz geben und dünn verstreichen. Puffer bei mittlerer Hitze braten, bis die Unterseite hellbraun ist. Wenden und auf der zweiten Seite fertig braten.

BE: 7,5 / 100 ml
R: einige Tage
H: 8 Monate

Ananas-Kürbis-Marmelade

Zutaten für etwa 1 ½ Liter

50 g frischer Ingwer
700 g Kürbisfleisch (Muskat- oder Hokkaidokürbis), grob geraffelt
300 g Ananasfruchtfleisch
2 EL Zitronenschale (unbehandelt), abgerieben
10 EL Zitronensaft
500 g Gelierzucker 2:1

Ingwer dünn schälen und reiben. Mit Kürbis, Ananas, Zitronenschale und -saft sowie Gelierzucker in einen Topf geben, gut vermengen und etwa 1 Stunde durchziehen lassen. Unter ständigem Rühren aufkochen lassen und 3 Minuten sprudelnd kochen. Heiß in saubere Gläser.

BE: 3,5 / 110 g
R: einige Tage H: 6 Monate

Ananasmarmelade „Pina-Colada"

Zutaten für etwa 2 ½ Liter

1 ½ kg Ananasfruchtfleisch
500 g Gelierzucker 3:1
225 g gesüßte Kokosnusscreme
⅛ l weißer Rum
1 Packung Zitronensäure (5 g)

Ananas sorgfältig schälen und Fruchtfleisch vom harten Strunk entfernen, in sehr feine Würfel schneiden und mit den restlichen Zutaten in einem großen Topf gut vermengen. Unter Rühren aufkochen und 3 Minuten sprudelnd kochen lassen. Heiß in Gläser füllen.

Tipp: Wer die Marmelade ohne Stücke vorzieht, kann sie vor dem Abfüllen pürieren und dann heiss abfüllen.
Schmeckt sehr gut als Füllung für Torten oder zu Vanillecreme.

BE: 2 / 100 ml
R: 1 Woche H: 6 Monate

Ungeahnte Beerenmöglichkeiten

Brombeeren
passen zu Limetten, Pfirsichen, Holunderbeeren oder Mangos.
Als Gewürze besonders geeignet: Zimt, Nelken und Ingwer und Scotch.

Erdbeeren
schmecken mit Vanille und Erdbeerlikör, mit Zitronenmelisse, Zitronenschale, mit Nelke oder Sternanis.
Extravagant: mit grünem Pfeffer und Wodka
Sie passen zu Himbeeren, Rhabarber, Ananas und Orangen.

Heidelbeeren
schmecken mit Orangen, Ribiseln, Zitronen, maracuja und Limetten.
Die ideale Würze: Zitronenmelisse, Zimt oder Nelken.

Himbeeren
harmonieren mit Rhabarber, Kirschen, Ribiseln und Marillen.
Als Würze eignen sich Zimt, Vanille, Limettenschale, Zitronenmelisse oder Zitronengras, Himbeergeist, Slibowitz und Pfirsichlikör.

Ribiseln
vertragen sich mit Himbeeren, Marillen und schwarzen Ribiseln.
Die beste Würze: Vanille, Zitronengras, Ingwer, Portwein oder Cassis.

Schwarze Ribiseln
harmonieren mit ihren roten Verwandten, mit Himbeeren, Äpfeln und Birnen. Nelken, Zimt, Cassis und Whisky unterstreichen ihr Aroma.

Stachelbeeren
harmonieren mit Minze, Ingwer, Zimt, Zitronenschale, mit einem Hauch Sternanis und passen zu Ananas, Papaya und Mangos.

Sommerbeerenmarmelade mit Rohrzucker und Rum

Zutaten für 1 Liter

1 kg gemischte Sommerbeeren
500 g Gelierzucker 2:1
250 g Rohrzucker
60 ml brauner Jamaicarum

Beeren putzen und mit Gelierzucker und Rohrzucker in einem Topf zum Kochen bringen. Unter Rühren etwa 7 Minuten sprudelnd kochen lassen; Gelierprobe! Anschließend eventuell passieren. Mit Rum abschmecken und in saubere Gläser füllen.

Tipp: Es eignen sich zum Beispiel Erdbeeren, Himbeeren, Ribiseln und Brombeeren. Die Marmelade paßt ausgezeichnet zu Blätterteig, Plunderteig und zum Füllen von Palatschinken.

BE: 6,5 / 100 ml
H: 1 Jahr

Bananen-Maracuja-Marmelade

Zutaten für 1,3 Liter

600 g Bananenfruchtfleisch
(etwa 1 kg ungeschälte)
2 EL Zitronensaft
400 g Maracujafruchtfleisch
500 g Gelierzucker 2:1

Bananenfruchtfleisch würfelig schneiden und sofort mit Zitronensaft vermengen. Maracujafruchtfleisch mit Gelierzucker mischen und in einem Topf unter ständigem Rühren zum Kochen bringen. Zwei Minuten unter Rühren sprudelnd kochen, anschließend Bananen dazugeben. Nochmals aufkochen lassen und 1 weitere Minute unter Rühren kochen. Heiß in sterilisierte Gläser füllen.

BE: 5 / 110 g
H: 1 Jahr

Bananen-Stachelbeer-Marmelade

Stachelbeeren waschen, gut abtropfen lassen, Stiel- und Blütenansätze entfernen. 600 g Stachelbeeren abwiegen, längs und quer halbieren. Mit Gelierzucker in einem Topf vermengen und etwa 30 Minuten Saft ziehen lassen.
Bananen schälen. 400 g Fruchtfleisch abwiegen, pürieren und unter die Stachelbeeren mengen. Unter Rühren aufkochen und 3 Minuten sprudelnd kochen lassen. Heiß in saubere Gläser füllen.

Zutaten für etwa 1 Liter

650 g Stachelbeeren
500 g Gelierzucker 2:1
600 g reife Bananen

BE: 5,5 / 100 ml
H: 8 Monate

Karamellbirnen

Birnen schälen, die Stiele an den Früchten lassen. Blütenansatz mit einem kleinen Messer entfernen, Birnen halbieren und entkernen. Sofort mit Zitronenscheiben vermengen.
Zucker in einer Pfanne hellbraun karamellisieren, mit Wein, Orangensaft und 250 ml Wasser aufgießen und so lange kochen lassen, bis der Zucker fast vollständig aufgelöst ist. Vanilleschote der Länge nach aufschneiden und das Mark herauskratzen. Birnen samt Zitronenscheiben, Vanillemark und -schote, Gewürznelken und Zimtstange beifügen; Birnen bei geringer Hitze etwa 4 Minuten nicht zu weich kochen lassen. Achtung: Birnen garen im Glas noch weiter.
Früchte mit einem Lochschöpfer aus dem Gewürzsud heben und in Gläser füllen. Gewürzsud nochmals aufkochen lassen, über die Birnen gießen und die Gläser sofort gut verschließen.

Zutaten für etwa 2 Liter

1,2 kg Birnen (Williams Christ)
2 Zitronen (unbehandelt), in dünne Scheiben geschnitten
150 g Kristallzucker
¼ l Weißwein
⅛ l Orangensaft
1 Vanilleschote
3 Gewürznelken
1 Zimtstange

BE: 1,5 / 100 ml
H: 1 Jahr

Gewürzbirnen

Zutaten für etwa 1 Liter

1,7 kg feste Birnen (Williams)
1 TL Pimentkörner
1 etwa 2–3cm langes Stück frischer Ingwer
1 TL Gewürznelken
2 Zimtstangen
230 g Kristallzucker
450 ml Weißweinessig

Birnen schälen (Hinweis: Schalen für die weitere Verarbeitung aufheben!), halbieren oder vierteln, entkernen und samt den Schalen in einem großen Topf, knapp mit Wasser bedeckt, zum Kochen bringen; bei geringer Hitze etwa 5 Minuten kochen lassen.
Kochsud abseihen und mit Wasser auf etwa 450 ml auffüllen, mit den restlichen Zutaten, mit Ausnahme der Birnen, unter Rühren langsam erhitzen, bis sich der Zucker vollständig aufgelöst hat; anschließend bei geringer Hitze etwa 5 Minuten kochen lassen.
Birnen beifügen und etwa 20 Minuten weich kochen.
Die Birnen sollen „durchscheinend" sein, aber nicht zerfallen. Birnen mit einem Lochschöpfer aus dem Sud heben, in saubere Gläser füllen, mit Kochflüssigkeit samt Gewürzen übergießen. Gläser fest verschließen.

Tipp: Diese Birnen paßen zu kaltem Schweinsbraten oder gekochter Zunge. Den schmackhaften Gewürzessig kann man wunderbar für Salatmarinaden verwenden.

BE: 4 / 100 ml
R: 1 Monat
H: 1 Jahr

Tee-Birnen-Apfel-Marmelade

Zutaten für etwa 1 ¼ Liter

750 g reife Birnen (z.B. Williams Christ oder Forellenbirnen)
250 g säuerliche Äpfel (z. B. Boskop, Renetten, Elstar)
4 EL Zitronensaft
1 kg Gelierzucker 1:1
2 EL Teeblätter (z. B. Earl Grey)

Birnen und Äpfel schälen, vierteln. Entkernen und in einen großen Topf raffeln. Zitronensaft und Gelierzucker beifügen, gut vermengen. Teeblätter in einen verschließbaren Papier-Teefilter oder ein Tee-Ei füllen, verschließen und zur Früchtemasse geben. Bei geringer Hitze langsam zum Kochen bringen, dann bei großer Hitze unter Rühren etwa 4 Minuten sprudelnd kochen lassen; von der Hitze nehmen, Teefilter entfernen und die Marmelade in Gläser füllen.

BE: 7,5 / 100 ml
H: 1 Jahr

Birnen-Vanille-Marmelade

Zutaten für 3 ½ Liter

2 ½ kg reife Birnen
1 Zitrone (unbehandelt)
2 l Apfelsaft, ungesüßt
100 g Gelierzucker
2 Vanilleschoten,

Birnen schälen, vierteln, entkernen und in kleine Würfel schneiden. Zitronensaft und -schale vermengen und die Birnenwürfel darin marinieren. In einem Topf Apfelsaft mit Vanilleschoten (der Länge nach halbieren) aufkochen und auf die halbe Menge einkochen. Gelierzucker und Birnen samt Saft dazugeben, nochmals aufkochen und unter ständigem Rühren etwa 15 Minuten kochen, sofort in Gläser füllen.

Tipp: Falls Sie sehr süße, reife Birnen bekommen und auch der Apfelsaft über einen guten Fruchtzuckergehalt verfügt, kann man bei dieser köstlichen Marmelade auf den Gelierzucker vollkommen verzichten!

BE: 1,5 / 100 ml
H: 1 Jahr

Harissa

Chilischoten entkernen, hacken und in warmem Wasser einweichen, bis sie weich sind. Chilis abtropfen lassen und mit Knoblauchzehen, Kümmel, Kreuzkümmel, Koriandersamen, Minzeblättern, Olivenöl und einer Prise Meersalz zu einer Paste mixen. Harissa in ein gut verschließbares, schmales Glas füllen, mit etwas Öl bedecken und gut verschließen.

Zutaten für etwa 140 ml

50 g rote Chilischoten (getrocknet)
2 Knoblauchzehen (geschält)
1 TL Kümmel (ganz)
1 ½ TL Kreuzkümmel
2 TL Koriandersamen
1 TL Minzeblätter (getrocknet)
2 TL kalt gepresstes Olivenöl
Prise Meersalz
Olivenöl

Tipp: Fleisch oder Fisch vor dem Braten oder Grillen damit bestreichen.

BE: 0
H: 4 Monate

Chakchouka

Zwiebeln schälen und feinwürfelig schneiden. Paprika und Paradeiser waschen. Paprika putzen, entkernen, vierteln und in Streifen schneiden. Paradeiser in Salzwasser blanchieren, kalt abschrecken, schälen, vierteln, entkernen. Paradeiser in Würfel schneiden.
Olivenöl erhitzen, Zwiebeln darin hell anrösten, Paprika beifügen, bei mittlerer Hitze etwa 2–3 Minuten braten, Paradeiser dazugeben. Mit Salz, Pfeffer sowie Harissa würzen und Gemüse bei mittlerer Hitze weich dünsten.
In das Gemüse mithilfe eines Esslöffels 4 Vertiefungen drücken, in jede Vertiefung jeweils ein rohes Ei hineingleiten, und stocken lassen. Sofort servieren.

Zutaten für 4 Portionen

2 mittlere Zwiebeln
3 rote Paprikaschoten
4 große Paradeiser (oder 1 Dose eingelegte „Pelati“)
1 EL Olivenöl
1 TL Harissa
Salz
Pfeffer aus der Mühle
4 Eier

BE: 0,5 / Portion

Dattelmarmelade

Zutaten für 1 Liter

500 g Datteln
250 g Kristallzucker
1 Zitrone (unbehandelt)
40 ml Whisky

Datteln waschen, putzen und gut abtropfen lassen. Datteln der Länge nach halbieren und entkernen. In 2–3 mm dünne Streifen schneiden. 75 ml Wasser mit Zucker in einem Topf bei mittlerer Hitze kochen, bis sich der Zucker vollständig aufgelöst hat. Datteln, Zitronensaft sowie -schale beifügen und unter ständigem Rühren 10 Minuten kochen lassen. Von der Hitze nehmen, Whisky dazugießen und gut verrühren. Dattelmarmelade in Gläser füllen und kalt werden lassen.

BE: 5 / 110 g
H: 1 Jahr

Dirndlmarmelade

Zutaten für 1 ½ Liter

1 ½ kg Dirndln
500 g Gelierzucker 2:1
Mark von 1 Vanilleschote

Dirndln waschen, gut abtropfen lassen und in ½ l Wasser bei geringer Hitze zugedeckt etwa 5–10 Minuten weich kochen lassen. Früchte samt Kochwasser durch eine „Flotte Lotte" oder ein grobmaschiges Sieb passieren. Es sollte 1 kg Fruchtmasse ergeben.
Fruchtmasse mit Gelierzucker und Vanillemark in einem großen Topf vermengen. Unter Rühren zum Kochen bringen und 4 Minuten unter Rühren sprudelnd kochen lassen. Heiß in Gläser füllen.

BE: 4 / 100 ml
H: 1 Jahr

Eingelegte Eier

Zutaten für etwa 1 ¾ Liter

850 ml Weißwein- oder Apfelessig
etwa 2 ½ cm frischer Ingwer
1 EL Koriandersamen
2 getrocknete rote Chilischoten
2 Knoblauchzehen, in feine Scheiben schneiden
1 ½ EL schwarze Pfefferkörner
12 hart gekochte Eier

Essig mit restlichen Zutaten, ausgenommen den Eiern, aufkochen und etwa 10 Minuten bei geringer Hitze kochen lassen; von der Hitze nehmen und zugedeckt auskühlen lassen. Eier schälen in Gläser füllen. Essig-Gewürzsud abseihen und über die Eier gießen. Sie müssen vollständig mit Flüssigkeit bedeckt sein.

BE: 0
R: 8 Wochen
H: 1 Jahr

Erdbeergelee

Zutaten für etwa 1 ½ Liter

2 ½ kg Erdbeeren
40 g Kristallzucker
500 g Gelierzucker 3:1
1 Packung Zitronensäure (5 g)

Erdbeeren waschen, putzen und in kleine Stücke schneiden. In einem großen Topf mit dem Zucker und ¼ l Wasser vermengen und mindestens 1 Stunde ziehen lassen. Bei geringer Hitze ganz langsam aufkochen lassen; von der Hitze nehmen und 1 Stunde ziehen lassen. Erdbeeren samt Saft in ein mit einem Mulltuch ausgelegtes Sieb gießen. Saft abtropfen lassen und auffangen. Erdbeeren dabei nur ganz leicht ausdrücken. Es sollte etwa 1,2–1,3 l Saft ergeben. Saft in einem Topf mit Gelierzucker sowie Zitronensäure verrühren und bei mittlerer Hitze unter Rühren aufkochen; unter Rühren 3 Minuten sprudelnd kochen lassen. Gelee in Gläser füllen.

BE: 3 / 110 g
R: 1 Woche
H: 1 Jahr

Erdbeermarmelade, roh gerührt

Zutaten für 1 Liter

1 kg Erdbeeren
1 Vanilleschote
500 g Gelierzucker 2:1
Saft von 1 Zitrone

Erdbeeren waschen, putzen, halbieren und in einer Schüssel mit Gelierzucker und Zitronensaft gut vermengen. Vanilleschote der Länge nach aufschneiden, Mark herauskratzen und mit der Schote beifügen. Zugedeckt etwa 1 Stunde kalt stellen. Erdbeeren mit dem Pürierstab etwa 20 Minuten gut durchmixen, bis sich der Zucker vollständig aufgelöst hat. Hinweis: Am Rand der Schüssel soll die Marmelade bereits zu gelieren beginnen. Marmelade in gut verschließbare saubere Gläser füllen.
Achtung: Die Marmelade bleibt einige Tage dünnflüssig und wird erst nach einer Woche fester

BE: 4,5 / 100 ml
R: 1 Woche
H: im Kühlschrank 4 Wochen

Erdbeermarmelade mit Cidre

Zutaten für 1 ¼ Liter

500g Erdbeeren
500 g Gelierzucker 2:1
1 Packung Zitronensäure (5 g)
½ l Cidre (Apfelwein)
1 TL Lavendelblüten (getrocknet)

Erdbeeren putzen, vierteln, in einem Topf mit Gelierzucker sowie Zitronensäure gut vermengen und etwa 1 Stunde ziehen lassen. Mit Cidre aufgießen, Lavendelblüten beifügen und bei geringer Hitze unter Rühren aufkochen lassen. 3 Minuten unter Rühren sprudelnd kochen und Marmelade sofort in Gläser füllen.

BE: 4 / 100 ml
H: 2 Monate

Feigen-Chutney

Zutaten für 800 ml

8 frische Feigen
1 kleines Stück Ingwer
1 Knoblauchzehe
300 g Zwiebeln
80 g getrocknete Marillen
2 Kardamomkapseln
1 EL Öl
1 Sternanis
70 g Kristallzucker
2 EL Weißweinessig
250 ml Rotwein
Salz
Pfeffer aus der Mühle

BE: 5 / 100 ml
H: im Kühlschrank 4 Wochen

Feigen waschen, trockentupfen, schälen und würfelig schneiden. Ingwer und Knoblauch schälen und hacken. Zwiebeln schälen und mit den Marillen kleinwürfelig schneiden. Kardamomkapseln zerdrücken.
Öl in einem Topf erhitzen, Ingwer, Knoblauch, Sternanis sowie Kardamom darin glasig anrösten. Zwiebeln und Marillen beifügen und etwa 3 Minuten mitbraten. Mit Essig sowie Wein aufgießen und alles zusammen unter Rühren bei mittlerer Hitze etwa 15 Minuten einkochen lassen. Feigen dazugeben und weitere 3 Minuten mitgaren.
Chutney salzen, pfeffern und in Gläser füllen.

Tipp: Schmeckt sehr gut zu Fleisch und Käse.

Feigenkompott

Zutaten für etwa 1 Liter

½ l Orangensaft, frisch gepresst
50 ml Zitronensaft
500 g Feigen
1 Vanillemark
250 g Gelierzucker 2:1

Orangen- und Zitronensaft durch ein feines Sieb gießen. Feigen waschen und in 1 cm große Würfel schneiden. Vanilleschote der Länge nach aufschneiden und das Mark herauskratzen.
Saft, Feigen, Vanillemark und Schote mit dem Gelierzucker gut verrühren und aufkochen lassen. 3 Minuten sprudelnd kochen. Sofort in Gläser füllen.

BE: 4,5 / 100 ml
H: 4 Monate

Eingelegte Feigen

Zutaten für etwa 1 Liter

2 Vanilleschoten
50 g brauner Kandiszucker
2 ¼ l Rotwein
350 ml Johannisbeerlikör (Cassis)
800 g grüne Feigen
6 kleine Zimtstangen

Vanilleschoten der Länge nach halbieren, Mark herauskratzen. Schoten, Mark, Kandiszucker und Rotwein in einem Topf bei mittlerer Hitze sirupartig auf ein Viertel einkochen. Cassis beifügen und nochmals kurz aufkochen.
Inzwischen Feigen mit warmem Wasser gründlich waschen, gut trockentupfen. Feigen mit einem Zahnstocher mehrmals gleichmäßig einstechen. Feigen und Zimtstangen locker in Gläser schichten. Feigen mit Rotweinsirup bedecken, gut verschließen und kühl stellen.

Tipp: Paßen heiß oder kalt serviert sehr gut zu Wild- und Geflügelgerichten, zu Mohnmehlspeisen, Lebkuchen und Grießstrudel.

BE: 2,5 / 100 ml
R: 1 Woche
H: 3 Monate

Feigenmarmelade mit schwarzen Ribiseln

Zutaten für 2 Liter

500g schwarze Ribiseln
1 kg vollreife Feigen
Saft und Schale, abgerieben, von 1 Zitrone (unbehandelt)
500 g Gelierzucker 2:1
8 EL Cassislikör

Ribiseln waschen, abrebeln und auf Küchenkrepp gut abtropfen lassen. Feigen halbieren, mit einem Teelöffel das Fruchtfleisch herauskratzen (sollte etwa 550 g ergeben).
Ribiseln mit Feigenfruchtfleisch, Zitronensaft und -schale sowie Gelierzucker bei geringer Hitze langsam zum Kochen bringen. 3 Minuten sprudelnd kochen; von der Hitze nehmen und mit Cassislikör würzen. Marmelade in Gläser füllen.

BE: 3 / 100 ml
H: 1 Jahr

Fenchelmarmelade mit Pernod

Fenchel putzen, Strunk entfernen und den Fenchel in kleine Stücke schneiden. Paprikaschoten schälen, entkernen und in kleine Würfel schneiden.
Fenchel mit Gelierzucker, Anis sowie 1⁄16 l Wasser vermengen und bei geringer Hitze weich dünsten. Durch eine Flotte Lotte passieren, nochmals aufkochen, mit Salz, Pfeffer und Penod aufkochen, Paprika beifügen und einmal aufkochen. Heiß in Gläser füllen.

Zutaten für 1 Liter

1 kg Fenchel
2 rote Paprikaschoten
500 g Gelierzucker 1:1
1 TL Aniskörner, zerstoßen
Salz
Pfeffer aus der Mühle
60 ml Pernod

Tipp: Paßt gut zu geräucherten Fischen und Rohschinken.

BE: 4 / 100 ml
H: 6 Monate

Gurken-Stachelbeeren-Relish

Stachelbeeren waschen und putzen. Gurke schälen, der Länge nach halbieren und mithilfe eines Löffels entkernen. Gurkenfruchtfleisch in kleine Würfel schneiden. Schalotten schälen und vierteln. Ingwer schälen und feinwürfelig schneiden. Stachelbeeren, Gurken, Schalotten, Ingwer, Zucker, Salz sowie Essig bei geringer Hitze etwa 10 Minuten kochen lassen, Schnittlauchblüten beifügen und von der Hitze nehmen. Heiß in ein Glas füllen.

Zutaten für ½ Liter

250 g Stachelbeeren
1 Salatgurke (etwa 100 g)
80 g Schalotten
20 g Ingwer
1 TL Schnittlauchblüten
60 g Kristallzucker
1 TL Salz
1–2 EL weißer Balsamessig

Tipp: Schmeckt toll zu Lamm, Geflügel und Wild.

BE: 1,5 / 100 ml
R: 2 Tage
H: im Kühlschrank 4 Wochen

Jägergurken

Zutaten für 5 Liter

Etwa 3 kg große Einlegegurken oder Feldgurken
1 l Weißweinessig
120 g Salz
300 g Kristallzucker
1 EL Wacholderbeeren
2 EL Senfkörner
2 EL schwarze Pfefferkörner
3 EL Dille, grob gehackt
2 EL Estragon, gehackt
1 EL Thymian, gehackt

Gurken waschen, Stiel- und Blütenansätze entfernen und die Gurken in Scheiben schneiden.
Weinessig mit 2 ½ l Wasser, Salz, Zucker, Wacholderbeeren, Senf- und Pfefferkörnern aufkochen. Gurkenscheiben darin blanchieren, Dille, Estragon und Thymian beifügen, kurz ziehen lassen und alles in saubere Gläser füllen.
Die Hitze wirkt sterilisierend. Die Kräuter werden erst zum Schluss beigefügt, damit sie durch die Wärmeeinwirkung nicht „schlapp" und unansehnlich werden.

Tipp: Jägergurken schmecken köstlich kalt zu einer deftigen Brotmahlzeit, aber auch leicht geschmort zu Schweinekoteletts.

BE: 0,5 / 100 g
R: 2 Wochen
H: 1 Jahr

Gewürzgurken

Zutaten für 5 Liter

2 ½ kg kleine Einlegegurken
50 g Salz
250 g kleine Schalotten
200 g Kren
½ l Weißweinessig
30 g Kristallzucker
5 rote Chilischoten
5 Lorbeerblätter
30 g schwarze Pfefferkörner
50 g Senfkörner
1 Bund Dille

Gurken waschen, abtropfen lassen und mit 25 g Salz vermengen und 24 Stunden zugedeckt marinieren lassen.
Hinweis: immer wieder gut durchmengen.
Schalotten und Kren schälen; in Scheiben schneiden.
Essig mit restlichem Salz, 1 Liter Wasser, Kren und Schalotten sowie dem Zucker aufkochen. Gurken waschen und gut abtropfen lassen; mit Chilischoten, Lorbeerblättern, Pfefferkörnern, Senfkörnern und Dille in Gläser schichten, mit dem Essigsud (samt Kren und Schalotten) übergießen. Die Gurken müssen vollständig bedeckt und die Gläser bis zum Rand gefüllt sein. Gläser gut verschließen.

Tipp: Zur längeren Haltbarkeit: Eine Bratwanne mit Wasser füllen, Gläser hineinstellen und im vorgeheizten Rohr bei 200 C so lange erhitzen, bis Blasen aufsteigen. die Gläser im ausgeschalteten Backrohr 30 Minuten stehen lassen.

BE: 0
R: 2 Wochen
H: 1 Jahr

Heidelbeergelee mit Lorbeer

Zutaten für etwa 1 ½ Liter

2 ½ kg Heidelbeeren (am besten Waldheidelbeeren)
2–3 Lorbeerblätter
1 Zimtstange
850 g Gelierzucker 2:1
5 g Zitronensäure

Heidelbeeren verlesen, waschen und gut abtropfen lassen. In einem großen Topf mit 60 cl Wasser bei geringer Hitze ganz langsam unter Rühren aufkochen, Lorbeerblätter und Zimtstange beifügen, so lange sprudelnd kochen, bis alle Beeren geplatzt sind; von der Hitze nehmen und 1 Stunde ziehen lassen. Beeren mit Saft durch ein Sieb in einen anderen Topf gießen. Heidelbeeren dabei gut durchdrücken und abtropfen lassen. Diesen dicklichen Saft durch ein mit einem Mulltuch ausgelegtes Sieb in einen anderen Topf gießen.Mit dem Gelierzucker und Zitronensäure verrühren. 3 Minuten sprudelnd kochen lassen, dabei den aufsteigenden Schaum abschöpfen. Noch heiß in Gläser füllen.

BE: 5,5 / 100 ml
R: 1 Woche
H: 1 Jahr

Heidelbeerkompott

Zutaten für 1 ½ Liter

900 g Waldheidelbeeren
250 g Kristallzucker
Saft von 2 Zitronen

Heidelbeeren verlesen, waschen. Zucker mit ½ l Wasser verrühren, einmal kurz aufkochen lassen. Heidelbeeren in Gläser füllen, mit dem Zuckerwasser übergießen und Gläser gut verschließen. Gläser im vorgeheizten Rohr bei 100 °C etwa 2 Stunden sterilisieren.

BE: 2 / 100 ml
H: 1 Jahr

Heidelbeer-Apfel-Marmelade

Zutaten für etwa 2 Liter

500 g Heidelbeeren, verlesen
500 g säuerliche Äpfel
500 g Gelierzucker 2:1
1 Zitrone (unbehandelt)
1 TL Zimt

Heidelbeeren waschen und gut abtropfen lassen. Äpfel schälen, vierteln, entkernen, raspeln und mit den Heidelbeeren sowie Gelierzucker in einem Topf behutsam vermengen; über Nacht zugedeckt durchziehen lassen.
Zitronenschale abreiben und Saft auspressen; mit Zimt beifügen. Alles unter Rühren langsam aufkochen und 6–8 Minuten sprudelnd kochen. Noch heiß in Gläser füllen.

Tipp: Eventuell etwas Apfelschnaps vor dem Abfüllen unter die fertige Marmelade rühren, ergibt eine feine Note.

BE: 2,5 / 110 g
H: 1 Jahr

Himbeergelee

Zutaten für etwa 2 Liter

2 ½ kg Himbeeren
750 g Gelierzucker 2:1
1 Packung Zitronensäure (5 g)

Himbeeren verlesen und in einem großen Topf mit 150 ml Wasser grob zerdrücken. Himbeeren samt entstandenem Saft bei geringer Hitze ganz langsam aufkochen lassen; von der Hitze nehmen und etwa 1 Stunde ziehen lassen. Himbeeren mit Saft in ein mit einem Mulltuch ausgelegtes Sieb geben und gut abtropfen lassen. Die Himbeeren dabei nur ganz leicht mithilfe des Mulltuches ausdrücken. Den aufgefangenen Saft (sollte etwa 1 ½ l ergeben) mit Gelierzucker sowie Zitronensäure verrühren. Bei mittlerer Hitze unter Rühren aufkochen und 3 Minuten sprudelnd kochen lassen. Gelee heiß in Gläser füllen.

BE: 3,5 / 100 ml
R: 1 Woche
H: 1 Jahr

Himbeer-Paradeiser-Ketchup

Zutaten für 700 ml

2 kg vollreife Paradeiser
350 g Zwiebeln
150 g Ingwer
1 rote Pfefferschote
6 Nelken
3 Pimentkörner
10 weiße Pfefferkörner
Salz
450 g Himbeergelee (S. 62)
175 ml Apfelessig
1–2 EL Stärkemehl
50 ml Himbeeressig

BE: 0,5 / 100 ml
R: 1 Woche
H: 6 Monate

Paradeiser waschen, Stielansatz entfernen, Paradeiser vierteln, entkernen und in Würfel schneiden. Zwiebeln schälen, kleinwürfelig schneiden. Ingwer schälen und in kleine Stücke schneiden. Pfefferschote der Länge nach halbieren, entkernen und kleinwürfelig schneiden.
Gemüse mit den Gewürzen und Salz aufkochen, 30 Minuten unter Rühren offen kochen lassen. Anschließend durch ein grobes Sieb oder die Flotte Lotte passieren. Aufgefangenes Püree mit Himbeergelee und Apfelessig bei mittlerer Hitze auf 750 ml einkochen lassen. Dabei öfter umrühren. Stärkemehl mit Himbeeressig glatt rühren, Ketchup damit binden und nochmals kurz aufkochen. Heiß in Gläser füllen.

Himbeermarmelade, warm gerührt

Zutaten für etwa ¾ Liter

450 g Himbeeren
450 g vorgewärmter feiner Zucker (siehe Tipp S.11)
1 EL Kirschenbrand oder Himbeerbrand

BE: 5,5 / 100 ml
R: 1 Woche
H: max. 3 Monate

Himbeeren in eine hitzebeständige Schüssel geben und zugedeckt im vorgeheizten Rohr bei 170 °C etwa 20 Minuten erwärmen. Achtung: Sie dürfen aber nicht kochen!
Die heißen Himbeeren mit dem vorgewärmten Zucker in eine große Schüssel geben und mit einem Kochlöffel behutsam verrühren, bis der Zucker sich vollkommen aufgelöst hat. Das Kirschwasser einrühren und die Marmelade in Gläser füllen.

Holunder-Zwetschkenmarmelade

Zwetschken kleinwürfelig schneiden und mit Holunderbeeren etwa 15 Minuten bei geringer Hitze kochen lassen; Fruchtmasse passieren, mit Gelierzucker sowie Zitronensaft vermengen, aufkochen und unter ständigem Rühren etwa 8–10 Minuten sprudelnd kochen lassen. Marmelade heiß in mit Rum ausgespülte Gläser füllen.

Zutaten für ¾ Liter

700 g Zwetschken, gewaschen und entkernt
300 g Holunderbeeren, abgerebelt
250 g Gelierzucker 2:1
Saft von 1 Zitrone
2 cl Rum

BE: 4 / 100 ml
H: 1 Jahr

Rehrücken mit Zwetschken-Holundersauce

Rehrücken mit einem scharfen Messer zuputzen, beiseite geben. Speck in Würfel schneiden. Zwiebeln schälen und würfelig schneiden. Suppengrün putzen, waschen und grobwürfelig schneiden; Gemüse und Zwiebeln in 2 EL Butter anrösten. Fleischabschnitte sowie Speck beifügen und alles hellbraun rösten. Mit Rotwein aufgießen, auf die halbe Menge einkochen. Bouillon dazugießen, Wacholder und Piment zerdrücken, mit Essig beifügen. 20 Minuten bei mittlerer Hitze kochen. Rehrücken salzen, pfeffern und zuerst mit der Fleischseite in restlicher Butter rundum anbraten und mit der Knochenseite nach oben im vorgeheizten Rohr bei 180 °C etwa 15–20 Minuten braten; aus dem Rohr nehmen und in Alufolie gewickelt etwa 10 Minuten rasten lassen. Inzwischen Holunderbeeren und Marmelade in die Sauce geben und 2 Minuten kochen. Sauce durch ein Sieb passieren.
Rehrücken vom Rückgrat und Rippenknochen lösen, schräg in 2 cm dicke Tranchen schneiden, mit Sauce umgießen.

Zutaten für 4 Portionen

1 kg Rehrücken mit Knochen
150 g Zwiebeln
2 Bund Suppengrün
4 EL Butter
50 g Frühstücksspeck
¼ l Rotwein
½ l Rindsbouillon
1 TL Wacholderbeeren
1 TL Pimentkörner
4 EL Balsamessig
Salz
Pfeffer aus der Mühle
1–2 EL Holunder-Zwetschkenmarmelade

BE: 0

Hollerröster mit Rotwein

Zutaten für etwa 800 ml

⅛ l Rotwein
50 g Kristallzucker
1 Zimtstange
2 Gewürznelken
200 g Birnen (Williams Christ)
250 g Zwetschken
300 g Holunderbeeren, abgerebelt

Rotwein mit Zucker, Zimtstange und Gewürznelken aufkochen. Birnen schälen, entkernen und in Spalten schneiden. Zwetschken waschen, entkernen, in Spalten schneiden, beides zum Wein geben und etwa 5 Minuten kochen. Holunderbeeren dazugeben und weitere 5 Minuten kochen lassen; sofort in Gläser füllen.

BE: 1,5 / 100 ml
H: 8 Monate

Karamellisierter Grießschmarren mit Hollerröster

Zutaten für 2 Portionen

1 Vanilleschote
¼ l Milch
50 g Butter
1 EL Kristallzucker
Prise Salz
70 g Weizengrieß
Schale von 1 Zitrone
1 TL Rum
4 Eier
Karamell:
2 EL Kristallzucker
50 g Butter
Saft von ½ Zitrone
Staubzucker und Zimt

BE: 4,5 / Portion

Vanilleschote der Länge nach aufschneiden und das Mark herauskratzen. Milch mit Mark und Schote, Butter, Zucker sowie Prise Salz aufkochen. Grieß dazugeben, unter ständigem Rühren aufkochen; von der Hitze nehmen und zugedeckt etwa 10 Minuten quellen lassen. Schote entfernen.
Zitronenschale und Rum unterrühren. Eier trennen, Dotter nach und nach unter die Grießmasse rühren und die Masse etwa 30 Minuten kalt stellen. Eiklar kalt stellen.
Karamell: Zucker in einer Pfanne schmelzen, unter Rühren hellbraun karamellisieren. Butter und Zitronensaft beifügen und so lange rühren, bis sich der Zucker vollkommen aufgelöst hat; von der Hitze nehmen.
Eiklar steif schlagen und unter die Grießmasse heben. Masse auf Karamell verteilen und im vorgeheizten Rohr bei 170 °C etwa 20 Minuten backen. Mit einem Löffel Nocken abstechen, auf Tellern anrichten, mit Staubzucker und Zimt bestreuen und mit Hollerröster servieren.

Holunderblütensirup

Zutaten für 3 Liter

1 ½ kg Kristallzucker
60 g Ascorbinsäure oder Zitronensäure
15–20 Holunderblüten
2 Zitronen
2 Orangen

3 Liter Wasser mit Zucker verrühren, aufkochen und auskühlen lassen. Ascorbinsäure in etwa ⅛ l vom Zuckerwasser auflösen und mit dem übrigen Zuckerwasser verrühren. Orangen und Zitronen in Scheiben schneiden und mit den Blüten in einen Topf geben. Zuckerwasser darübergießen. Topf mit einem Tuch zudecken, aber nicht luftdicht verschließen! Den Sirup durch ein Sieb in gereinigte Flaschen füllen.

Tipp: Mit Mineral- oder Leitungswasser ergibt er ein erfrischendes Getränk oder mit Sekt aufgespritzt einen prickelnden Cocktail. Man kann aber auch Cremen, Parfaits, Fruchtbowlen oder Teige damit verfeinern.

BE: 4,5 / 100 ml
R: 2–4 Tage
H: 8 Monate

Eingelegter Ingwer

Zutaten für etwa 300 ml

200 g junger Ingwer
1 EL Salz
100 g Zucker
100 g Reisessig

Ingwer schälen und in hauchdünne Scheiben hobeln. Kurz blanchieren, abseihen, gut abtropfen lassen und mit Salz vermengen; in kleine Gläser füllen. Zucker mit Reisessig aufkochen und über den Ingwer gießen. Gläser verschließen.

Tipp: Diese Spezialität der japanischen Küche hat einen sehr scharfen Geschmack. Es gibt verschiedene Möglichkeiten des Ingwereinlegens: in Salzlake oder – wie im obigen Rezept – in süßem Essig eingelegt. Eingelegter Ingwer wird häufig zu Sushi gereicht und dient dazu den Gaumen zu reinigen.

BE: 3,5 / 100 ml
R: 1 Tag
H: 3 Monate

Karottenmarmelade

Zutaten für etwa ½ Liter

300 g Karotten
250 g Kristallzucker
Saft und abgeriebene Schale 1 Zitrone (unbehandelt)
3 Kardamomkapseln, angedrückt

Karotten waschen, putzen, schälen, raffeln. Mit Zucker, Zitronensaft und -schale sowie Kardamom in einen Topf geben. Unter Rühren langsam erhitzen, bis sich der Zucker vollkommen aufgelöst hat, dann etwa 10 Minuten sprudelnd kochen lassen, bis die Masse eindickt. Hinweis: Aufsteigenden Schaum immer wieder mit einem Lochschöpfer abschöpfen. Marmelade in Gläser füllen. und fest verschließen.

BE: 4 / 100 ml
H: max. 1 Jahr

Kastanien in Vanillesirup

Zutaten für etwa 2 ½ Liter

2 kg Edelkastanien
2 Vanilleschoten
240 g Rohrzucker
3/8 l Cognac

Kastanien schälen, Vanilleschoten längs aufschneiden, Mark und Schoten mit 600 ml Wasser und Zucker aufkochen, Kastanien einlegen, nochmals aufkochen und zugedeckt – am besten über Nacht – ziehen lassen. Nochmals aufkochen, die Kastanien aus dem Sirup herausnehmen und in Gläser schlichten. Cognac darauf verteilen und mit Sirup auffüllen. Gläser verschließen und bei 85 °C etwa 20 Minuten einkochen.

Schältipp: Man schneidet die Schale auf der gewölbten Seite kreuzweise ein, legt sie auf ein mit Wasser bespritztes Blech und bratet sie unter mehrmaligem Rütteln im Rohr bei 200 C etwa 30 Minuten bis sie sich öffnen. Oder die eingeschnittenen Kastanien in heissem Wasser etwa 30 Minuten kochen; ich finde, dass sie bei dieser Garmethode stark an Geschmack einbüßen.

BE: 3 / 100 g
R: 2 Wochen
H: 1 Jahr

Kirschenmarmelade mit Kakao

Kirschen waschen, entkernen und mit Gelierzucker, Zimtstange zum Kochen bringen. Unter Rühren etwa 7 Minuten sprudelnd kochen lassen. Von der Hitze nehmen, Kakao und Likör einrühren und die Marmelade sofort in Gläser füllen.

Zutaten für 1 Liter

1 kg Kirschen
250 g Gelierzucker 3:1
1 kleine Zimtstange
1 EL Kakaopulver
4 ml Kakaolikör

Tipp: Paßt gut zum Frühstück und zum Füllen von Plunderteig.

BE: 2,5 / 100 ml
H: 8 Monate

Kirschenkompott mit Kakaolikör

Kirschen waschen, entstielen und entkernen, mit Zitronensaft vermengen und ziehen lassen.
Inzwischen Vanilleschoten der Länge nach aufschneiden und das Mark herauskratzen. 1 ½ l Wasser mit Vanillemark und Schote sowie Zucker aufkochen lassen, Kirschen beifügen und bei geringer Hitze etwa 5 Minuten kochen lassen. Von der Hitze nehmen, Likör unterrühren und sofort in Gläser füllen.

Zutaten für 4 Liter

3 kg Kirschen
Saft von 4 Zitronen
2 Vanilleschoten
500 g Kristallzucker
30 ml Kakaolikör

Tipp: Schmeckt sehr gut zu Vanilleeis oder mit Buttermilch und Soda-wasser verrührt als sommerliche Erfrischung.

BE: 2 / 100 ml
H: 1 Jahr

Kiwi-Apfel-Marmelade

Zutaten für etwa 1 ½ Liter

3 Limetten
500 g Kiwi, geschält (brutto etwa 700 g)
500 g Äpfel (brutto etwa 700 g), geschält und entkernt
500 g Gelierzucker 2:1
75 ml Waldmeistersirup

Limettenschale abreiben, 6 Esslöffel Saft auspressen. Kiwi und Äpfel in kleine Würfel schneiden, mit Limettensaft in einem Topf gut vermengen und mit dem Stabmixer grob pürieren. Gelierzucker beifügen und unter ständigem Rühren aufkochen; 3 Minuten sprudelnd kochen lassen. Sirup und Limettenschale unterrühren, nochmals kurz aufkochen lassen. Sofort in Gläser füllen.

BE: 4 / 100 ml
H: 1 Jahr

Knoblauch in Honig

Zutaten für 400 ml

3 Knollen Knoblauch
200 ml Milch
3–4 Zitronen
150 g flüssiger Honig
Salz
1 kleiner Rosmarinzweig
1 kleine rote Chilischote

Knoblauch in Zehen teilen und schälen. Milch aufkochen, Knoblauch zugeben, aufkochen und offen 2–4 Minuten (je nach Dicke der Zehen) kochen lassen. Knoblauch mit einem Lochschöpfer herausheben, in kaltem Wasser abschrecken und gut abtropfen lassen.
Zitronen auspressen. Hinweis: Es soll 130 ml Saft ergeben. Saft mit Honig und Prise Salz aufkochen. Rosmarin und Chilischote beifügen. Knoblauch in ein s Glas geben. Honig-Zitronensud darübergießen, das Glas gut verschließen

BE: 3 / 100 g
R: 4 Tage
H: 2 Monate

Junger Knoblauch mit Peperoncini

Knoblauchzehen von den Knollen lösen. Peperoncini putzen, in etwa 2 cm breite Stücke schneiden. Kerne entfernen. Mit dem Knoblauch in Gläser füllen. Salz mit 600 ml Wasser aufkochen und über das Gemüse gießen. Soll vollständig mit Flüssigkeit bedeckt sein. Gläser in einen mit einem Küchentuch ausgelegten Topf stellen. Mit heißem Wasser etwa ²/₃ hoch auffüllen und zugedeckt aufkochen. Bei geringer Hitze etwa 45 Minuten sterilisieren.

Zutaten für 1 Liter

8 junge Knoblauchknollen
200 g Peperoncini
1 TL Salz

Tipp: Der junge Knoblauch braucht nicht geschält werden. Die feinen Häutchen werden beim Sterilisieren gar und können mitgegessen werden. Dieser eingemachte Knoblauch kann gehackt zum Kochen verwendet werden. Schmeckt gut zu Erdäpfeln und Gegrilltem.

BE: 1,5 / ¼ Liter
H: 1 Jahr

Eingelegter Kohl in Apfel-Estragonmarinade

Kohl putzen, vierteln und in Salzwasser kurz blanchieren, kalt abschrecken und gut abtropfen lassen. Strunk entfernen. Von den Kohlvierteln jeweils die Blätter abheben, einrollen und in die Gläser füllen. 300 ml Wasser mit Essig, Knoblauch, Pfefferkörnern, Wacholderbeeren, Estragon und Salz aufkochen. Von der Hitze nehmen und etwa 10 Minuten ziehen lassen. Anschließend Marinade nochmals aufkochen und über die Kohlröllchen gießen. Das Gemüse soll vollständig mit Marinade bedeckt sein. Gläser gut verschließen.

Zutaten für 1 Liter

1 mittlerer Kohlkopf (500 g)
Salz
Marinade:
80 ml Apfelessig
3 Knoblauchzehen, geschält
9 Pfefferkörner
4 Wacholderbeeren
3 Estragonzweige
Salz

Tipp: Der eingelegte Kohl schmeckt hervorragend zu gekochtem Rind-, Lamm- und Schweinefleisch.

BE: 0
R: 14 Tage
H: 8 Monate

Krautchutney mit Speck

Zutaten für etwa 1 Liter

1 kg Kraut, geputzt
100 g Schalotten
100 g Bauchspeck
250 g Kristallzucker
Salz
Pfeffer aus der Mühle
1 TL Kümmel (ganz)
⅛ l Weißweinessig

Kraut in feine Streifen schneiden. Schalotten schälen und fein schneiden. Speck in feine Streifen schneiden. Zucker in einem Topf hell karamellisieren, Schalotten sowie Speck beifügen, kurz darin anrösten. Kraut beifügen und mitrösten, mit Salz, Pfeffer und Kümmel würzen und mit Essig aufgießen; bei mittlerer Hitze etwa 12 Minuten dünsten lassen.Eventuell etwas Wasser zugießen.
Krautchutney heiß in Gläser füllen.

Tipp: Paßt sehr gut zu Schweinefleisch, Braten und Blutwurst.

BE: 2 / 100 g
R: 2 Monate
H: 6 Monate

Vanille-Kürbis

Zutaten für 1 Liter

1 kg Kürbis
2 Vanilleschoten
½ l klarer Apfelsaft
250 g Kristallzucker
100 g Mandeln, geschält

Kürbis schälen, Kerne mit einem Löffel herausschaben und das Kürbisfleisch in etwa 1 cm dicke Scheiben bzw. Spalten schneiden. Vanilleschoten der Länge nach aufschneiden, Mark herauskratzen. Apfelsaft mit ¾ l Wasser, Zucker, Vanillemark und Schote in einem großen Topf aufkochen, Mandeln und Kürbis beifügen und bei mittlerer Hitze etwa 20 Minuten kochen lassen. In große Gläser füllen.

Tipp: Für dieses Rezept eignet sich Hokkaidokürbis oder Muskatkürbis. Schmeckt zu Wild- und Geflügelgerichten.

BE: 2,5 / 100 g
R: 1 Woche
H: 1 Jahr

Kürbis-Apfel-Chutney

Zutaten für etwa 2 Liter

1 kg Kürbisfleisch
700 g säuerliche Äpfel
250 g Zwiebeln, fein gehackt
250 g Gelierzucker 1:1
⅛ l Apfelessig
⅛ l Weißwein
2 Knoblauchzehen, gehackt
½ TL Zimt (gemahlen)
½ TL Nelkenpulver
1 TL Currypulver
2 kleine rote Chilischoten
Salz

BE: 1,5 / 100 g
R: 3 Wochen
H: 8 Monate

Kleinwürfelig geschnittenes Kürbisfleisch mit Äpfeln, Zwiebeln sowie Gelierzucker in einen großen Topf geben, mit Apfelessig sowie Weißwein übergießen, Knoblauch, Zimt, Nelken- und Currypulver und kleingehackte Chilischoten beifügen, gut verrühren, salzen, aufkochen lassen und bei mittlerer Hitze etwa 35–40 Minuten kochen lassen. Öfter umrühren. Chutney mit Salz abschmecken und heiß in Gläser füllen.

Kürbisspalten in Essig

Zutaten für etwa 1 ½ Liter

1 kg Kürbis (Muskatkürbis, Butternuss)
¼ l Weißweinessig
6 Gewürznelken
1 Zimtstange
Schale von 1 Zitrone (unbehandelt), abgerieben
½ kg Kristallzucker

BE: 3 / 100 g
R: 2 Wochen
H: 6 Monate

Kürbis schälen, vierteln, Kerne entfernen und das Kürbisfleisch in 1 ½ cm dicke und 6–8 cm lange Spalten schneiden. In eine Schüssel geben.
Essig mit Gewürzen und Zitronenschale aufkochen, über den Kürbis gießen und zugedeckt etwa 24 Stunden ziehen lassen. Essig abseihen, mit dem Zucker aufkochen und etwas einkochen lassen. Kürbisspalten einlegen und bei mittlerer Hitze 5 Minuten kochen, bis der Kürbis glasig wird. Er darf nicht zu weich werden. Heiß in Gläser füllen.

Limettenmarmelade

Zutaten für etwa 1 ½ Liter

Etwa 12 Limetten (unbehandelt)
1,4 kg vorgewärmter Zucker (siehe Tipp S.11)

Limetten dünn schälen und Schale in sehr feine Streifen schneiden. Fruchtfleisch in dünne Scheiben schneiden. Hinweis: Den dabei austretenden Saft auffangen! Kerne in ein kleines Mulltuch binden. Fruchtfleisch samt aufgefangenem Saft, Schalenstreifen, Stoffsäckchen (eventuell mit Küchengarn an einem Topfgriff befestigt) und 1 ½ l Wasser in einem großen Topf zum Kochen bringen und etwa 1 Stunde bei geringer Hitze kochen lassen, bis die Schalen weich und die Kochflüssigkeit auf die Hälfte eingekocht ist. Öfter umrühren. Stoffsäckchen mit einem Lochschöpfer herausheben, am Topfrand mit dem Löffel gut ausdrücken; anschließend entsorgen.
Vorgewärmten Zucker in den Topf geben und bei geringer Hitze unter Rühren kochen, bis sich der Zucker vollständig aufgelöst hat. Anschließend bei großer Hitze etwa 10 Minuten sprudelnd kochen lassen. Topf von der Hitze nehmen und aufsteigenden Schaum entfernen. Marmelade etwa 10 Minuten ruhen lassen, kurz umrühren und in vorgewärmte Gläser füllen.

Variation: Limetten durch Zitronen ersetzen.

Pannenhilfe:
HARTE SCHALENSTÜCKE: Schalen wurden nicht lange genug gekocht, bevor der Zucker beigefügt wurde.
SCHALE SCHWIMMT OBENAUF: Die empfohlene Rastzeit von 10–15 Minuten vor dem Einfüllen in die Gläser wurde nicht eingehalten.

BE: 8 / 100 ml
H: 1 Jahr

Lemon Curd

Zutaten für etwa 650 ml

3 Zitronen (unbehandelt)
75 g Sauerrahmbutter
300 g Staubzucker
125 ml Zitronensaft
3 Eier

Zitronen heiß waschen und gut trockentupfen, Schale abreiben. Butter und Zucker über Dampf schmelzen, Zitronenschale und -saft beifügen und alles zu einer homogenen Masse verrühren. Eier schaumig aufschlagen, beifügen und weiterrühren, bis eine dicke Creme entsteht. In Gläser füllen.

Tipp: Schmeckt herrlich als Aufstrich aufs Frühstücksbrot und zu Obstsalat.

BE: 4,5 / 100 ml
H: im Kühlschrank 4 Wochen

Eingelegter Babymais

Maiskolben einsalzen und zugedeckt über Nacht ziehen lassen. Mais unter fließendem Wasser gut abwaschen, trockentupfen und mit den Basilikumblättern in ein s Glas geben. Beide Essigsorten mit 30 ml Wasser, Zucker und Pfefferkörnern aufkochen, heiß über den Babymais gießen und eventuell mit Olivenöl auffüllen. Glas gut verschließen.

Zutaten für 500 ml

200 g Babymais
20 g Salz
10 Basilikumblätter
60 ml Weißweinessig (5–6 %)
20 cl Balsamessig
½ EL Kristallzucker
½ TL Pfefferkörner
eventuell Olivenöl

Tipp: Gläser mit weiten Öffnungen erleichtern das Einschichten von größeren Gemüsestücken.

BE: 0,5 / 100 g
R: 1 Woche
H: 1 Jahr

Tangerinen-Marmelade mit Whisky

Mandarinen schälen und filetieren (die Trennhäute dabei entfernen). Fruchtfleisch in kleine Würfel schneiden. Vanilleschote der Länge nach aufschneiden, das Mark herauskratzen. Fruchtstücke mit Zitronen- und Orangenschale, Gelierzucker, Whisky sowie Vanillemark und -schote gut vermengen und zugedeckt etwa 12 Stunden ziehen lassen.
Anschließend aufkochen und 6–8 Minuten sprudelnd kochen. Vanilleschote entfernen. Marmelade in Gläser füllen.

Zutaten für 2 Liter

1 kg Tangerinen (unbehandelt) oder andere Mandarinen
1 Vanilleschote
Schale von 2 Zitronen (unbehandelt), abgerieben
Schale von 1 Orange (unbehandelt), abgerieben
⅛ l Whisky
1 kg Gelierzucker 1:1

BE: 4,5 / 100 ml
H: 1 Jahr

Mango-Chutney

Zutaten für etwa 2 Liter

3 Mangos (à 500 g)
500 g Kristallzucker
500 ml Essig
5 cm frischer Ingwer, geschält, fein gehackt
4–5 Knoblauchzehen, geschält
2 TL mildes Currypulver
2 TL Senfkörner
2 TL Salz
125 g Rosinen

Mangos schälen, Fruchtfleisch vom Stein schneiden und in kleine Würfel schneiden; beiseite legen.
Zucker mit Essig (Hinweis: 1 EL aufheben!) etwa 10 Minuten kochen lassen. Inzwischen Ingwer mit Knoblauch und 1 EL Essig im Mörser zu einer Paste verarbeiten, zum Essig geben und weitere 10 Minuten kochen lassen.
Mangos mit restlichen Gewürzen sowie Rosinen beifügen und unter Rühren etwa 25 Minuten zu einer marmeladigen Konsistenz einkochen lassen. Heiß in Gläser füllen.

BE: 3 / 100 ml
R: 3 Wochen
H: 6 Monate

Mango-Papaya-Chutney

Zutaten für 1 Liter

750 g Mango
300 g Papaya
200 g Kapstachelbeeren
250 g Zwiebeln
50 g Ingwer
2 rote Chilischoten
150 g Kristallzucker
100 ml Weißweinessig
200 ml klarer Apfelsaft
Salz, Pfeffer aus der Mühle

Mango schälen. Fruchtfleisch würfelig schneiden. Papaya schälen, halbieren, entkernen und in etwa 1 cm große Würfel schneiden. Kapstachelbeeren aus der Hülle nehmen. Zwiebeln sowie Ingwer schälen und feinwürfelig schneiden. Chilischoten in feine Ringe schneiden.
Zucker hellbraun karamellisieren. Zwiebeln, Ingwer und Chili beifügen, mit Essig sowie Apfelsaft aufgießen und unter Rühren so lange kochen lassen, bis sich der Zucker vollständig aufgelöst hat. Mango- und Papayawürfel sowie Kapstachelbeeren dazugeben und unter Rühren 5 Minuten kochen. Chutney in Gläser füllen.

Tipp: Das Chutney kann sofort gegessen werden, schmeckt aber nach 2–3 Monaten am besten. Paßt hervorragend zu gegrilltem Fisch.

BE: 2,5 / 100 ml
H: 6 Monate

Marillenmarmelade

Zutaten für1 ½ Liter

1 kg gut reife Marillen, gewaschen und entkernt
40 g Kristallzucker
Saft von 1 Zitrone
Schale von ½ Zitrone
3 Esslöffel Marillenbrand

Marillen großwürfelig schneiden. Früchte mit Zucker, Zitronensaft und -schale in einem hohen Topf vermengen und einige Stunden – am besten über Nacht – ziehen lassen. Aufkochen lassen und unter ständigem Rühren etwa 15–20 Minuten sprudelnd kochen, bis die Marillen eingedickt sind. Marmelade noch heiß in Gläser füllen, mit Marillenbrand übergießen, anzünden und die Gläser sofort verschließen.

Tipp: Eventuell 1/16 l Marillenlikör unter die fertige Marmelade rühren. Meine Grossutter hat Marillen immer nur eingekocht, wenn man sie mit zwei Fingern zerdrücken kann, um den Kern zu entfernen.

BE: 2,5 / 100 ml
H: 1 Jahr

Marillen in Mandelsirup

Zutaten für 3 Liter

1 ½ kg Marillen
4 Vanilleschoten
400 g Kristallzucker
750 ml Weißwein
8 EL Mandelsirup
8 EL Marillenbrand

Marillen waschen, abtropfen lassen und kreuzweise einritzen. Blanchieren, kalt abschrecken, gut abtropfen. Marillen schälen, halbieren, entkernen und in Gläser geben.
Vanilleschoten der Länge nach aufschneiden und das Mark herauskratzen. 400 ml Wasser mit Zucker sowie Vanilleschoten sowie Mark aufkochen, Mandelsirup und Marillenbrand beifügen, Vanilleschoten entfernen und in die Gläser zwischen die Marillen stecken. Sirup über die Marillen gießen. Gläser gut verschließen und in einen hohen Topf stellen. Bis zu einem Drittel unter dem Rand mit Wasser füllen und knapp unter den Siedepunkt erhitzen. Marillen etwa 40 Minuten einkochen. Kompott im Wasser auskühlen lassen.

BE: 1,5 / 100 ml
H: 6 Monate

Gewürzmarillen im Marillenessigsud

Marillen waschen, abtropfen lassen und kreuzweise einritzen. Blanchieren, kalt abschrecken, gut abtropfen. Marillen schälen, halbieren, entkernen und in Gläser geben.
Weißwein mit Zucker, Chilischoten, Wacholder, Nelken, Lorbeer und 400 ml Wasser aufkochen. Flüssigkeit mit den Gewürzen bis knapp unter den Rand in die Gläser gießen. Gläser verschließen und in einen hohen Topf stellen. Den Topf bis zu einem Drittel unter dem Rand mit Wasser füllen. Das Wasser bis knapp unter dem Siedepunkt erhitzen und die Marillen etwa 40 Minuten einkochen. Die Gläser im Wasser auskühlen lassen.

Zutaten für 3 Liter

1 ½ kg Marillen
½ l Weißwein
100 g Kristallzucker
2 getrocknete Chilischoten
6 Wacholderbeeren
4 Gewürznelken
2 Lorbeerblätter
250 ml Marillenessig
(ersatzweise Obstessig)

BE: 0,5 / 100 ml
H: 8 Monate

Fleischspieße mit Gewürzmarillen

Fleisch in etwa 2 cm große Stücke schneiden und mit Pfeffer sowie Curry würzen. Zwiebel schälen und vierteln, die Viertel zwischen den einzelnen Schichten voneinander lösen. Marillen, Fleischwürfel und Zwiebelstücke abwechselnd auf Spieße stecken. Salzen.
Öl erhitzen und die Spieße darin rundherum bei starker Hitze anbraten, anschließend bei mittlerer Hitze etwa 10 Minuten fertig braten. Hinweis: Öfter wenden.
Die Spieße zu den Gewürzmarillen im Marillenessigsud servieren. Dazu passt Korianderreis.

Zutaten für 4 Portionen

400 g Schweinsschopf
Pfeffer aus der Mühle
½ TL mildes Currypulver
1 rote Zwiebel (etwa 50 g)
12 weiche, getrocknete Marillen
Salz
3 EL Öl

BE: 3,5 / Portion

Marillengelee

Zutaten für etwa 2 ¼ Liter

3 ½ kg reife Marillen
6 EL Zitronensaft
100 g Kristallzucker
800 g Gelierzucker 2:1
1 Packung Zitronensäure (5 g)

Marillen kreuzweise einritzen, portionsweise blanchieren, abschrecken, gut abtropfen lassen, schälen, entkernen. 2 Marillenkerne anschlagen. Marillenfruchtfleisch in kleine Stücke schneiden und in einem Topf mit den beiden Kernen, Zitronensaft und Zucker gut vermengen; zugedeckt mindestens 6 Stunden – am besten über Nacht – durchziehen lassen.
Kerne entfernen. Marillen mit 150 ml Wasser bei geringer Hitze langsam aufkochen. Abkühlen lassen und mit dem Stabmixer pürieren. Durch ein nicht zu feines Sieb in einen anderen Topf streichen. Hinweis: Sollte etwa 1,6–1,8 Liter ergeben. Mit Gelierzucker sowie Zitronensäure vermengen. Unter Rühren aufkochen und sprudelnd 3 Minuten kochen lassen. Sofort in Gläser füllen.

BE: 4,5 / 100 ml
R: 1 Woche
H: 8 Monate

Entenbrust mit Marillenchutney

Zutaten für 4–6 Portionen

50 g Schalotten
1 Knoblauchzehe
150 g getrocknete Marillen
1 rote Pfefferschote
2 EL Öl
5 EL Weißweinessig
200 g Marillengelee
Salz
Pfeffer aus der Mühle
1 KL Koriandergrün, gehackt
2 Entenbrüste (à 300 g)

Schalotten sowie Knoblauch schälen und feinwürfelig schneiden. Marillen in kleine Würfel schneiden. Pfefferschote der Länge nach halbieren, entkernen und feinwürfelig schneiden. Schalotten und Knoblauch in erhitztem Öl glasig anrösten. Marillenwürfel und Pfefferschote beifügen, sofort mit Essig und 75 ml Wasser aufgießen. Marillengelee einrühren und zugedeckt bei mittlerer Hitze 4–5 Minuten kochen. Mit Salz und Pfeffer würzen, Koriander untermengen; Chutney von der Hitze nehmen und auskühlen lassen.
Inzwischen Entenbrüste auf der Hautseite mehrmals einschneiden, salzen und pfeffern und mit der Hautseite nach unten in eine Pfanne ohne Fett geben. Bei mittlerer Hitze das Fett ausbraten. Fett abgießen, Entenbrüste wenden und im vorgeheizten Rohr bei 220 °C etwa 8–10 Minuten fertig braten. Entenbrüste aus dem Rohr nehmen, kurz rasten lassen. In dünne Tranchen schneiden und heiß oder lauwarm mit dem Chutney servieren.

BE: 3,5 / Portion

WECK

Gefüllte Melanzani in Öl

Zutaten für 750 ml

900 g kleine Melanzani
Meersalz
4 Knoblauchzehen, fein gehackt
1–2 kleine, getrocknete rote Chilischoten
Korianderblätter
300 ml Olivenöl

Stiele der Melanzani abschneiden. In die Melanzani der Länge nach eine Öffnung schneiden und in Salzwasser bei geringer Hitze etwa 20 Minuten kochen, bis die Melanzani weich sind. Hinweis: Während des Kochens eventuell mit einem Teller beschweren, damit die Melanzani immer mit Wasser bedeckt sind. Abseihen, gut abtropfen und etwas überkühlen lassen. Anschließend die verbliebene Flüssigkeit vorsichtig mit den Händen ausdrücken. Chili entkernen und fein hacken, mit Knoblauch, Koriander und einer Prise Salz vermengen. Öffnung in den Melanzani etwas vergrößern und mit der Würzmasse füllen. Melanzani in ein Glas geben und mit so viel Öl übergießen, dass sie vollständig bedeckt sind. Glas gut verschließen.

BE: 0
R: 4 Wochen
H: 4 Monate

Mispelgelee

1 kg Mispeln, mit Schale und Kerngehäuse, gehackt
vorgewärmter Zucker (S. 10)

Mispeln, knapp mit Wasser bedeckt, aufkochen. Zugedeckt bei geringer Hitze 40 Minuten kochen, öfter rühren, bis die Früchte sehr weich sind. Fruchtmasse und Saft in ein mit einem Mulltuch ausgelegtes Sieb geben und den Saft über Nacht abtropfen lassen. Jeweils 570 ml Saft mit 450 g Zucker vermengen und bei geringer Hitze so lange erhitzen, bis sich der Zucker vollständig aufgelöst hat. Dann etwa 15 Minuten sprudelnd kochen; von der Hitze nehmen und in Gläser füllen.

Tipp: Mispeln sind kleine apfelförmige Früchte, die im Spätherbst reifen; sie bleiben hart, grün und herb. Roh sind sie ungenießbar. Lagert man sie 4–6 Wochen in Stroh oder Sägespänen, werden die Früchte bräunlich und weich. Für das Gelee sollte man 1/3 feste und 2/3 nachgereifte Mispeln verwenden. Es schmeckt sehr gut zu Wild, Schinken, Schweine- und Lammfleisch.

BE: 7,5 / 100 ml
R: 1 Woche
H: 1 Jahr

Melonen-Marillen-Marmelade

Marillen- und Melonenfruchtfleisch kleinwürfelig schneiden. Limetten schälen, mit einem scharfen Messer das Fruchtfleisch aus den Trennhäuten filetieren. Trennhäute auspressen und den Saft dabei auffangen, mit Limettensaft mischen.
Marillen- und Melonenwürfel mit dem Gelierzucker in einem Topf vermengen und unter Rühren aufkochen. Mindestens 4 Minuten unter ständigem Rühren sprudelnd kochen. Limettenfilets und -saft beifügen und 1 weitere Minute kochen. Sofort in Gläser füllen.

Zutaten für 1 Liter

600 g Melonenfruchtfleisch (Honigmelone, etwa 1,2 kg brutto)
900 g entsteinte Marillen (etwa 1,2 kg brutto)
4 Limetten
4 EL Limettensaft
500 g Gelierzucker 3:1

Tipp: Die Marmelade wird erst nach einigen Tagen fest.

BE: 3,5 / 100 ml
R: 1 Woche
H: 1 Jahr

Kakaobiskuitroulade mit Melonen-Marillen-Marmelade

Eier trennen. Eiklar zu festem Schnee schlagen, Zucker nach und nach einschlagen und den Schnee nochmals steif aufschlagen. Zitronenschale untermengen. Dotter verquirlen und behutsam nach und nach unter den Eischnee ziehen. Mehl mit Kakao versieben und nach und nach unter die Eischnee-Dottermasse heben.
Masse auf ein mit Backtrennpapier ausgelegtes Backblech streichen und im vorgeheizten Rohr auf mittlerer Schiene bei 180 °C etwa 12 Minuten backen. Auf ein mit Kristallzucker bestreutes Backtrennpapier stürzen, mitgebackenes Papier ablösen und Biskuit etwa 3 Minuten überkühlen lassen.
Biskuit mit Marmelade bestreichen, der Länge nach einrollen und auskühlen lassen. Mit Staubzucker bestreuen.

Zutaten für 1 Roulade (10 Stück)

6 Eier
140 g Staubzucker
½ Zitrone (unbehandelt)
120 g Mehl (glatt)
20 g Kakaopulver
20 g Kristallzucker
Marillen-Melonen-Marmelade zum Füllen

BE: 2,5 / Stück

Nektarinen-Brombeer-Kompott

Zutaten für etwa 2 Liter

1 Vanilleschote
300 g Zucker
2 Zimtstangen
2 kg Nektarinen
500 g Brombeeren, verlesen
Saft von 1 Zitrone

Vanilleschote der Länge nach aufschneiden, Mark herauskratzen, Schote und Mark mit 1 ¼ l Wasser, Zucker und Zimtstangen bei mittlerer Hitze kochen, bis sich der Zucker vollständig aufgelöst hat. Abkühlen lassen und abseihen. Zimtstangen für die weitere Verwendung in kleine Stücke brechen. Nektarinen waschen, trockentupfen, halbieren, entkernen und in Spalten schneiden. Brombeeren behutsam waschen, auf Küchenkrepp gut abtropfen lassen. Früchte in Gläser schichten. Dazwischen die Zimtstangen geben. Zitronensaft in den Zuckersirup rühren und über die Früchte gießen. Gläser gut verschließen, in eine etwa 2 cm hoch Wasser gefüllte Pfanne stellen und in das auf 175 °C vorgeheizte Rohr geben. Sobald in den Gläsern Perlen aufsteigen, 20 Minuten sterilisieren. Nach 10 Minuten Temperatur ausschalten, Restwärme genügt. Dann Backrohrtür einen Spalt öffnen und das Kompott etwas überkühlen lassen und herausnehmen.

BE: 2,5 / 110 g
H: 1 Jahr

Blutorangen-Gelee

Zutaten für 2 ¼ Liter

1 l Blutorangensaft, frisch gepresst und abgeseiht
250 g Gelierzucker 2:1
2 EL Zitronensaft

Blutorangensaft durch ein feines Sieb seihen, mit Gelierzucker und Zitronensaft verrühren. Saft aufkochen und unter ständigem Rühren bei mittlerer Hitze etwa 12 Minuten sprudelnd kochen lassen; von der Hitze nehmen, sofort in Gläser füllen.

BE: 1 / 100 ml
R: 1 Woche
H: 1 Jahr

SONNENGUT
MORO

Kumquatmarmelade (Zwergorangenmarmelade)

Zutaten für etwa ¾ Liter

600 g Kumquats
Mark von 2 Vanilleschoten
300 g Gelierzucker 2:1

Zwergorangen heiß waschen, vierteln, entkernen und sehr klein schneiden. Vanillemark mit den Zwergorangen und Gelierzucker verrühren; 2 Stunden zugedeckt ziehen lassen. Alles unter Rühren zum Kochen bringen und sprudelnd etwa 4 Minuten kochen. Marmelade in Gläser füllen.

Tipp: Die Marmelade schmeckt nicht nur zum Frühstück, sondern auch zu Ente, kaltem Fleisch, als Würze von Saucen und mit Frischkäse auf Röstbrot als kleine Vorspeise.

BE: 4,5 / 100 ml
H: 1 Jahr

Eingelegte Orangen

Zutaten für etwa 1 ½ kg

6 Orangen (unbehandelt)
1 Zimtstange
1 TL Koriandersamen
1 TL Kardamomsamen
½ TL schwarze Pfefferkörner, zerdrückt
½ TL Gewürznelken
225 g Zucker
225 g Honig
300 ml Weißweinessig

BE: 2,5 / 100 g
R: 1 Monat
H: 1 Jahr

Orangen waschen, gut trocken tupfen und in ½ cm dicke Scheiben schneiden. Mit Wasser bedeckt zustellen und aufkochen; bei geringer Hitze etwa 20 Minuten kochen. Orangenscheiben mit einem Lochschöpfer aus dem Wasser heben und gut abtropfen lassen. Zimtstangen, Koriander und Kardamom rösten, bis die Gewürze zu duften beginnen; von der Hitze nehmen und in einem Mörser leicht zerstoßen.
Mit den restlichen Gewürzen, Zucker, Honig sowie Essig unter Rühren bei geringer Hitze erhitzen, bis sich der Zucker und Honig vollständig aufgelöst haben. Essig-Gewürzsud aufkochen und anschließend bei geringer Hitze etwa 10 Minuten kochen. Orangenscheiben beifügen, nochmals aufkochen und zugedeckt bei geringer Hitze etwa 10–15 Minuten kochen lassen, bis die Orangenscheiben „durchsichtig" geworden sind. Fruchtscheiben mit einem Lochschöpfer aus dem Sud heben, in Gläser füllen und mit Sud aufgießen.

Orangen-Mandel-Marmelade

Mandeln in einer Pfanne ohne Fett rösten, bis sie zu duften beginnen. Von der Hitze nehmen und auf einen Teller geben; überkühlen lassen. Anschließend Mandeln fein hacken. Orangen schälen und filetieren. Fruchtstücke mit Orangensaft, Gelierzucker, Zitronensäure und Bittermandelaroma zum Kochen bringen und bei mittlerer Hitze etwa 7 Minuten kochen. Gelierprobe machen! Mandeln unterrühren und die Marmelade in Gläser füllen.

Zutaten für 1 ½ Liter

20 g Mandeln (ungeschält)
1 kg Orangen
¼ l Orangensaft, frisch gepresst
250 g Gelierzucker 2:1
1 TL Zitronensäure
3 Tropfen Bittermandelaroma

Tipp: Schmeckt sehr gut zu geräuchertem Fisch, gebratenem Geflügel oder Schweinefleisch sowie zu Terrinen.

BE: 2 / 100 ml
H: 7 Monate

Orangen-Kren-Chutney

Schale von den unbehandelten Orangen fein abreiben und zugedeckt beiseite geben. Alle schälen, sodass die weiße Haut vollständig entfernt wird. Orangen filetieren. Den Saft aus dem restlichen Fruchtfleisch gut ausdrücken. Wacholderbeeren im Mörser etwas andrücken. Orangenfilets und -saft, Himbeeressig, Zucker, Salz und die Wacholderbeeren in einen breiten Topf geben, gut verrühren und aufkochen, bei mittlerer Hitze etwa 1 Stunde sirupartig einkochen lassen. Öfter umrühren. Kren waschen, schälen und fein reiben. Mit Gin, Orangenschale unter das Chutney mengen und kurz aufkochen. Heiß in Gläser füllen, verschließen und das Chutney im Wasserbad (80 °C) etwa 20 Minuten sterilisieren.

Zutaten für etwa 1 Liter

20 Orangen (à 250 g, davon 2 unbehandelt)
12–15 Wacholderbeeren
50 ml Himbeeressig
350 g Kristallzucker
1 TL Salz
100 g frische Krenwurzel
3 EL Gin

BE: 4 / 100 ml
H: 6 Monate

Papayamarmelade

Zutaten für 1 Liter

350 g Zucker
25 g Gelierpulver 3:1
3 Papayas (à 450 g)
6 EL Zitronensaft
150 ml Orangensaft, frisch gepresst, abgeseiht
100 ml weißer Rum

Zucker und Gelierpulver in einem Topf vermengen. Papayas schälen, halbieren und mit einem Esslöffel entkernen. 4 EL der Kerne beiseite stellen. Fruchtfleisch feinwürfelig schneiden und mit den Kernen, Zitronensaft sowie Orangensaft zum Zucker geben. Unter Rühren aufkochen und bei großer Hitze 3 Minuten sprudelnd kochen lassen. Die Marmelade abschäumen; von der Hitze nehmen und weißen Rum unterrühren. Heiß in Gläser füllen.

BE: 3,5 / 100 ml
H: 8 Monate

Paprika-Relish mit Marillen

Zutaten für 1 Liter

500 g rote Paprikaschoten
250 g Zwiebeln
250 g Stachelbeeren
350 g Marillen
150 g Stangensellerie
2 TL Senfkörner
2 TL Korianderkörner
1 TL schwarze Pfefferkörner
150 ml Rotweinessig
250 g brauner Zucker
2 TL Paprikapulver (edelsüß)
Salz

BE: 2,5 / 100 ml
R: 3 Wochen
H: 1 Jahr

Paprika putzen, entkernen, in sehr dünne Streifen schneiden. Zwiebeln schälen und in feine Streifen schneiden. Stachelbeeren putzen. Marillen halbieren, entkernen und in feine Spalten schneiden. Sellerie putzen und fein hobeln. Senf- mit Koriander- und Pfefferkörnern in einer Pfanne ohne Fett rösten. Essig mit Zucker und gerösteten Gewürzen aufkochen. Paprikapulver und -streifen, Sellerie sowie Zwiebeln beifügen und unter Rühren bei mittlerer Hitze 5 Minuten kochen. Stachelbeeren und Marillen dazugeben und 3 Minuten mitkochen. Relish salzen, in Gläser füllen

Tipp: Perfekte Beilage zu schweren Braten.

Gegrillte rote Paprika in Öl

Zutaten für 1 ½ Liter

8 rote Paprikaschoten
etwa 650 ml Weißweinessig
4 Basilikumzweige
300 ml Olivenöl

Paprika putzen, halbieren und unter dem vorgeheizten Grill mit der Hautseite nach oben rösten, bis die Haut schwarze Blasen wirft. Aus dem Rohr nehmen und mit einem feuchten Tuch zudecken, nach 10 Minuten Haut, Kerne und Trennhäute ablösen. Essig aufkochen und die Paprikahälften beifügen und zugedeckt etwa 1 Minute kochen, herausnehmen und auf Küchenkrepp gut abtropfen lassen. Paprika mit Basilikum in Gläser schlichten, dazwischen immer etwas Öl beifügen. Zuletzt mit Öl auffüllen.

Tipp: Chilis sind nicht überall gleich scharf. Wer den Schärfegrad einer Sorte nicht kennt, sollte daher an der Spitze eine Kostprobe nehmen. Entschärfen kann man, indem man die weißen Wände und Samenkörnern entfernt.

BE: 0
R: 3 Wochen
H: 6 Monate

Tagliatelle mit Forelle und gegrilltem Paprika

Zutaten für 4 Portionen

3 Frühlingszwiebeln
1 Knoblauchzehe
6 gegrillte Paprika in Öl
3 EL Einlegeöl von den gegrillten Paprika in Öl
350 g Tagliatelle
Salz
230 g geräucherte Forellenfilets
2 EL Basilikum, grob gehackt
Pfeffer aus der Mühle

Frühlingszwiebeln putzen, waschen und feinwürfelig schneiden. Knoblauch schälen und in feine Würfel schneiden. Paprika in Streifen schneiden.
Nudeln in reichlich Salzwasser bissfest kochen.
Inzwischen Öl erhitzen, Zwiebeln sowie Knoblauch darin glasig anrösten, Paprikastreifen beifügen und etwa 1 Minute bei geringer Hitze mitbraten. Forelle zerpflücken und mit Basilikum unterrühren, kurz mitgaren.

BE: 2,5 / Portion

Mediterrane Paprikaschoten

Paprikaschoten putzen, halbieren, entkernen und in etwa 2 ½ cm große Stücke schneiden. Zwiebeln schälen und würfelig schneiden, Knoblauchzehen schälen und feinwürfelig schneiden. Öl in einem weiten Topf erhitzen, Zwiebeln, Knoblauch und Paprika darin glasig anrösten. Oregano und Paradeismark zugeben und kurz mitrösten. Mit Balsamessig ablöschen. Gemüsebouillon mit Gelierpulver glatt rühren und dazugießen. Aufkochen und bei mittlerer Hitze unter Rühren 3 Minuten kochen lassen. Mit Paprikapulver, Salz und Pfeffer würzen. In Gläser füllen.

Zutaten für 3 Liter

2 ½ kg rote Paprikaschoten
150 g Zwiebeln
4 Knoblauchzehen
2 EL Öl
4 Oreganozweige
2 EL Paradeisermark
3 EL weißer Balsamessig
800 ml Gemüsebouillon
4 TL Gelierpulver 3:1
1 TL Paprikapulver (rosenscharf)
Salz
Pfeffer aus der Mühle

BE: 0
H: im Kühlschrank 1 Monat

Scharfe Paprikamarmelade mit Pfefferschoten

Paprikaschoten putzen, vierteln, entkernen und unter dem vorgeheizten Grill mit der Hautseite nach oben rösten, bis die Haut schwarze Blasen wirft. Aus dem Rohr nehmen, mit einem feuchten Tuch zudecken und mindestens 10 Minuten beiseite stellen. Damit sich die Haut leicht löst. Anschließend Haut ablösen und die Paprikaschoten in etwa ½ cm große Stücke schneiden. Pfefferschoten waschen, putzen, längs halbieren, entkernen und die Schoten sehr fein hacken; mit den Paprikaschoten vermengen. Wein mit Gelierzucker in einem breiten Topf verrühren, bei starker Hitze unter ständigem Rühren aufkochen und etwa 4 Minuten sprudelnd kochen lassen. Paprika- und Pfefferschoten sowie Zitronensäure beifügen, unter Rühren aufkochen und etwa 1 Minute sprudelnd kochen lassen. Marmelade heiß in Gläser füllen.

Zutaten für 2 Liter

500 g rote Paprikaschoten
500 g gelbe Paprikaschoten
2 lange, rote Pfefferschoten
2 lange, grüne Pfefferschoten
½ l trockener Rosé-Wein
500 g Gelierzucker 3:1
5 g Zitronensäure

BE: 1,5 / 100 ml
H: 1 Jahr

Paradeisermarmelade

Zutaten für 2 Liter

1 kg Eierparadeiser
1 kleiner Bund Basilikum
1 kg Gelierzucker 1:1
Saft von 1 Zitrone

Paradeiser waschen und mit restlichen Zutaten in einem Topf gut vermengen, aufkochen lassen und bei geringer Hitze etwa 7 Minuten kochen; durch ein grobes Sieb passieren und nochmals aufkochen lassen, heiß in Gläser füllen.

Tipp: Paßt sehr gut auf Pizza, Bauernbrot und zu Käse.

BE: 4 / 100 ml
H: 8 Monate

Pizza fritta

Zutaten für 4–6 Portionen

Pizzateig:
500 g Mehl (glatt)
Prise Salz
20 g frische Germ

Belag:
Paradeisermarmelade
50 g Parmesan, frisch gerieben
Basilikumblätter zum Garnieren
Pfeffer aus der Mühle
Mehl zum Ausarbeiten
Olivenöl zum Ausbacken

Mehl mit Prise Salz in eine Schüssel sieben. Germ zerbröseln und mit etwa ¼ l lauwarmem Wasser verrühren. Zum Mehl geben und – am besten mit den Knethaken – zu einem weichen Teig kneten. Pizzateig zugedeckt an einem warmen Ort etwa 1 Stunde gehen lassen.
Die Paradeissauce erwärmen. Inzwischen Portionen in der Größe eines Eies vom Teig abnehmen und auf einer bemehlten Arbeitsfläche ausrollen. Öl in einer Pfanne erhitzen und die Teigfladen etappenweise beidseitig ausbacken. Kurz auf Küchenkrepp abtropfen lassen und sofort etwas Paradeismarmelade daraufstreichen, mit Parmesan bestreuen und mit Basilikum garniert servieren.

BE: 6 / Portion

Eingelegte grüne Paradeiser

Paradeiser waschen und in Essig mit ¼ Liter Wasser, Pfefferkörnern, Lorbeerblättern, Prise Zucker, Salz sowie Pfeffer aufkochen; etwa 5 Minuten kochen lassen. Paradeiser mit einem Lochschöpfer herausnehmen, in saubere Gläser schlichten, dabei abwechselnd Basilikum dazwischenlegen. Schalotten schälen und mit dem Essigsud aufkochen. Sud über die Paradeiser gießen. Hinweis: Die Paradeiser sollen etwa 1 cm mit dem Sud bedeckt sein, Gläser verschließen.

Zutaten für 2 Liter:

1 kg grüne (unreife) Paradeiser
½ l Weißweinessig
2 EL Pfefferkörner
2 Lorbeerblätter
Salz, wenig Pfeffer
100 g Schalotten
20 Basilikumblätter

Tipp: Grossmutter legte im Spätherbst grüne Paradeiser ein. Die schmeckten besonders würzig; weil sie noch die letzten Sonnenstrahlen aufnahmen. Die gab's dann zum Grenadiermarsch oder zu Topfenhaluschka.

BE: 0
H: 1 Jahr

Paradeiser-Chutney

Paradeiser blanchieren, kalt abschrecken, schälen, Stängelansätze herausschneiden und die Paradeiser in eine Schüssel geben. Mit dem Rotweinessig (4 Esslöffel zurückbehalten!) übergießen und zugedeckt etwa 12 Stunden ziehen lassen. Paradeiser abtropfen lassen und vierteln. Restlichen Essig mit Zucker, Salz unter Rühren aufkochen, bis sich der Zucker vollkommen aufgelöst hat. Paradeiserviertel einlegen. Gewürze in ein Mullsäckchen füllen und in den Topf zu den Paradeisern geben. Alles so lange bei geringer Hitze kochen, bis eine marmeladeähnliche Konsistenz entsteht, dabei öfter umrühren. Gewürzsäckchen entfernen und das Chutney noch heiß in Gläser füllen.

Zutaten für etwa 2 ½ Liter

2 kg Paradeiser
¼ l Rotweinessig
600 g Zucker
Prise Salz
1 TL Pimentkörner
1 TL Gewürznelken
1 Zimtstange

BE: 2 / 100 ml
R: 4 Wochen
H: 1 Jahr

Getrocknete, eingelegte Paradeiser

Zutaten für etwa 300 ml

1 kg kleine, ovale Paradeiser oder Cocktailparadeiser
Öl fürs Blech
3 Thymianzweige
1 Rosmarinzweig
3 Knoblauchzehen
etwa 60 ml Olivenöl

Paradeiser halbieren, mit der Schnittfläche nach oben auf ein leicht geöltes Blech geben, mit wenig Salz bestreuen und im vorgeheizten Rohr bei 100 °C etwa 2 Stunden trocknen lassen. Thymian und Rosmarin von den Zweigen zupfen. Knoblauch schälen und in feine Scheiben schneiden. Kräuter und Knoblauch über die Paradeiser streuen und weitere 2 Stunden bei 100 °C trocknen lassen. Die Paradeiser sollen noch weich sein. Paradeiser in ein Glas geben, mit Olivenöl übergießen. Paradeiser sollen vollständig mit Öl bedeckt sein.

Tipp: Schmecken sehr gut als Antipasti, passen zu Pasta und mediterranen Fleischgerichten.

BE: 0,5 / 100 ml
H: 2 Monate

Erdäpfelbrot

Zutaten für 1 kg Brot

300 g mehlige Erdäpfel
Salz
8 cl Milch, erwärmt
30 g Butter, zerlassen
50 g getrocknete Paradeiser, abgetropft, 3 mm Streifen
6 Thymianzweige, nur Blätter
400 g Mehl (glatt)
20 g Germ
1 Ei
1 Dotter
Mehl zum Ausarbeiten
Butter für die Form

BE: 3 / 100 g

Erdäpfel, in Alufolie gewickelt, im vorgeheizten Rohr bei 170 °C etwa 60 Minuten backen, schälen und heiß durch die Erdäpfelpresse drücken. Mehl in Schüssel sieben und eine Vertiefung hineindrücken. Milch hineingießen und die Germ darin auflösen. Paradeiser, Thymian, Erdäpfelmasse, Butter, Ei, Dotter sowie 1 TL Salz zu einem glatten Teig verarbeiten. Auf einer bemehlten Arbeitsfläche gut durchkneten, zugedeckt an warmen Ort 1 Stunde „gehen" lassen. Das Volumen soll sich verdoppeln. Dann auf einer bemehlten Arbeitsfläche zu einem flachen Rechteck auseinanderdrücken. Eine Längsseite zur Mitte klappen und leicht andrücken. Die andere Längsseite so zur Mitte klappen, dass sie 3 cm über der bereits eingeklappten Seite liegt. Teig mit der zusammengeklappten Seite nach unten in eine befettete und mit Mehl ausgestreute Kastenform legen und 1 Stunde „gehen" lassen. Das Volumen soll sich wieder verdoppeln. Im vorgeheizten Rohr bei 200 °C etwa 35 Minuten backen. Überkühlen lassen, sacht aus der Form stürzen.

Paradeiser mit Currykraut und Vanille

Zutaten für 1 Liter

1 kg nicht zu reife Paradeiser
1 rote Zwiebel
300 ml weißer Balsamessig
1 EL brauner Zucker
1 TL Salz
½ TL Currypulver
2 Currykrautzweige
½ Vanilleschote

Paradeiser blanchieren, abschrecken, abtropfen lassen, schälen und in 1 cm dicke Scheiben schneiden. Zwiebel schälen und in feine Ringe schneiden. 300 ml Wasser mit Essig, braunem Zucker, Salz, Currypulver, Currykraut sowie Vanilleschote aufkochen. Paradeiser und Zwiebeln beifügen, aufkochen und 2 Minuten kochen lassen. Paradeiser in Gläser füllen, Sud kochend heiß darübergießen. Gläser gut verschließen.

BE: 1 / 100 ml
R: 2 Wochen
H: 8 Monate

Paradeiserketchup

Zutaten für ½ Liter

1 kg reife Paradeiser
1 EL Salz
1 rote Paprikaschote (120 g)
50 g brauner Zucker
30 ml Weinessig
Pfeffer aus der Mühle

Paradeiser waschen, Stielansätze entfernen und in grobe Würfel schneiden, in einen Topf geben und salzen. Paprikaschote waschen, halbieren, entkernen und in sehr feine Würfel schneiden. Zu den Paradeisern geben und bei geringer Hitze etwa 30 Minuten kochen. Immer wieder umrühren. Mit einem Stabmixer pürieren oder durch ein Sieb passieren. Zucker und Essig beifügen und bei geringer Hitze so lange kochen, bis der Zucker vollkommen aufgelöst ist. Ketchup mit Salz sowie Pfeffer abschmecken, noch heiß in Gläser füllen.

Ende des Sommers, wenn die pfeffrig duftenden, faltigen Paradeiser reif waren, wurde ein Stockerl umgedreht, zwischen die Füße kam ein Mulltuch und durch dieses wurden mit einem Holzstößel die gekochten Früchte passiert. Darunter stand ein emaillierter Weidling mit zwei Henkeln …

BE: 1 / 100 ml
H: 1 Jahr

Pfirsich-Melba-Marmelade

Himbeeren mit 250 g Zucker und Zitronensäure sacht vermengen und zugedeckt etwa 30 Minuten ziehen lassen. Pfirsiche 30 Sekunden blanchieren, kalt abschrecken, schälen, halbieren und entsteinen. Haut für die weitere Verarbeitung aufheben! Steine mit Nussknacker aufbrechen, mit der Pfirsichhaut in ein Tuch binden. Fruchtfleisch grob schneiden und mit Zitronensaft fein pürieren. Vanilleschote der Länge nach aufschneiden, Mark herauskratzen, mit Pfirsichpüree und restlichem Gelierzucker verrühren. Mullsäckchen beifügen. Himbeeren und Pfirsichpüree getrennt unter Rühren bei geringer Hitze langsam zum Kochen bringen, aufkochen und anschließend jeweils 3 Minuten unter Rühren sprudelnd kochen lassen. Abkühlen lassen. Schote und Mullsäckchen von der Pfirsichmarmelade entfernen. Marmeladen abwechselnd vorsichtig über umgedrehte Löffel in Gläser füllen, sodass einzelne Schichten entstehen. Mit je 1 EL Himbeergeist beträufeln.

Zutaten für 1 ¼ Liter

500 g Himbeeren, verlesen
500 g Gelierzucker 2:1
5 g Zitronensäure
550 g reife Pfirsiche
3 EL Zitronensaft
1 Vanilleschote
3 TL Himbeergeist

BE: 4 / 100 ml
H: 6 Monate

Pfirsich-Stachelbeer-Marmelade

Pfirsiche blanchieren, schälen, halbieren, entkernen. 500 g Fruchtfleisch abwiegen. Stachelbeeren waschen und putzen. Pfirsiche feinwürfelig schneiden, mit 500 g Stachelbeeren und Gelierzucker vermengen und Saft 1 Stunde zugedeckt ziehen lassen. Melisseblätter fein hacken. Pfirsich-Stachelbeeren mit dem Stabmixer grob pürieren und unter Rühren aufkochen, 3 Minuten unter Rühren sprudelnd kochen lassen. Von der Hitze nehmen, Likör und Melisse unterrühren und die Marmelade sofort in Gläser füllen.

Zutaten für etwa 1 Liter

750 g Pfirsiche
600 g grüne Stachelbeeren
500 g Gelierzucker 2:1
15 Zitronenmelisseblätter
2 EL Pfirsichlikör

BE: 3,5 / 100 ml
H: 8 Monate

Pfirsichmarmelade mit Lavendel

Zutaten für etwa 3 Liter

2 EL Lavendelblüten, frisch oder getrocknet
¼ l Pfirsichbrand
3 kg kleine Pfirsiche (am besten Weinbergpfirsiche oder „Saturnpfirsiche")
1 kg Gelierzucker 2:1

Die Lavendelblüten 3–4 Stunden im Pfirsichbrand einweichen. Die Pfirsiche kreuzweise einschneiden, blanchieren, kalt abschrecken, schälen, entkernen, in Stücke schneiden und mit dem Gelierzucker vermengen; zugedeckt etwa 4–6 Stunden ziehen lassen. Dann in einem großen Topf zum Kochen bringen und bis zur Gelierprobe kochen. Pfirsichbrand samt den Lavendelblüten einmengen, nochmals kurz aufkochen und die Marmelade noch heiß in Gläser füllen. Gläser etwa 10 Minuten auf den Kopf stellen, damit sich die Blüten gut in der Marmelade verteilen.

Tipp: Leider bekommen Lavendelblüten nach längerer Lagerung der Marmelade ein Seifenaroma, deshalb bald verbrauchen.

BE: 3,5 / 100 ml
H: 2 Monate

Pfirsichmarmelade mit Campari

Zutaten für 1 Liter

1,4 kg Pfirsiche
500 g Gelierzucker 2:1
1 Packung Zitronensäure (5 g)
20 ml Campari

Pfirsiche kreuzweise einschneiden, blanchieren, kalt abschrecken, schälen und entkernen. 1 kg Fruchtfleisch abwiegen und mit Gelierzucker sowie Zitronensäure in einen großen Topf geben und mit dem Stabmixer grob pürieren. Zugedeckt etwa 1 Stunde ziehen lassen. Anschließend unter Rühren aufkochen und 3 Minuten sprudelnd kochen lassen; von der Hitze nehmen, Campari unterrühren und sofort in Gläser füllen.
Campari gibt der Marmelade den Geschmack und die aparte Farbe.

BE: 5 / 100 ml
H: 1 Jahr

Asiatische Pflaumensauce

Zutaten für ¾ Liter

1 kg rote Pflaumen
50 g Ingwer
3 Sternanis
75 ml Weißwein
1 rote Chilischote
3 TL 5-Gewürze-Pulver
125 g Gelierzucker 3:1
Salz

Pflaumen entkernen. Fruchtfleisch in kleine Stücke schneiden. Ingwer schälen und fein hacken oder reiben.
Pflaumen und Ingwer mit den restlichen Zutaten – bis auf das Salz – und 75 ml Wasser im Topf bei mittlerer Hitze unter Rühren aufkochen, 3 Minuten unter Rühren sprudelnd kochen lassen. Anschließend durch eine Flotte Lotte in einen zweiten Topf passieren. Sauce aufkochen, mit Salz würzen. Heiß in Gläser füllen.

Tipp: Die erfrischende Säure der asiatischen Pflaumensauce passt gut zu gegrilltem Fleisch.

BE: 2 / 100 ml
H: 8 Monate

Preiselbeerenmarmelade, roh gerührt

Zutaten für 1 ¾ Liter

1 kg Preiselbeeren, verlesen
750 g Feinkristallzucker
etwas Alkohol

Preiselbeeren mit dem Zucker mit den Knethaken der Küchenmaschine (auf kleiner Stufe) so lange rühren, bis sich der Zucker aufgelöst hat. Hinweis: Das dauert einige Stunden. Deshalb sollte man die Küchenmaschine zwischendurch immer wieder abschalten. Marmelade in Gläser füllen, mit etwas Alkohol beträufeln, anzünden und sofort gut verschließen.

BE: 4 / 100 ml
R: im Kühlschrank 2 Monate
H: im Kühlschrank 6 Monate

Quittengelee

Quitten waschen, vierteln, entkernen und in dünne Spalten schneiden. Scheiben sofort in mit Zitronensaft versetztes Wasser einlegen, damit die Quitten nicht braun werden.
Aus dem Wasser nehmen und in einem Topf mit 1 l Wasser aufkochen lassen; bei geringer Hitze etwa 2 Stunden kochen lassen, bis die Früchte zerfallen sind. Fruchtmasse samt Saft in ein mit einem Mulltuch ausgelegtes Sieb geben und abtropfen lassen. Früchte dabei nicht drücken, damit der Saft klar bleibt.
Würfelzucker kurz in Weißwein tauchen und anschließend in einem Topf hell karamellisieren. Mit dem abgeseihten Quittensaft aufgießen und so lange kochen lassen, bis er sämig wird. Gelierprobe (s. S.22) machen. Zitronensaft unterrühren und das Gelee sofort in Gläser füllen,

Zutaten für 750 ml

1 kg Quitten
Saft von 1 Zitrone
400 g Würfelzucker
125 ml Weißwein
40 ml Zitronensaft, abgeseiht

BE: 5,5 / 100 ml
H: 1 Jahr

Quittenkäse

Quitten samt Schalen durch ein Sieb streichen. Quittenbrei abwiegen und mit Zucker gut verrühren, aufkochen und unter ständigem Rühren bei geringer Hitze 15–20 Minuten kochen lassen, bis der Zucker vollständig aufgelöst ist. Währenddessen fein gehackte Walnüsse, Pistazien oder Pinienkerne beifügen. Die Konsistenz sollte wie Apfelmus sein. Ist sie dicker, etwas Weißwein dazugießen. Ist sie dünner, weiter einkochen. Masse 2 cm hoch gleichmäßig auf ein mit Backtrennpapier ausgelegtes Blech streichen und im vorgeheizten Rohr bei 150 °C und leicht geöffneter Backrohrtür etwa 3 Stunden trocknen lassen. Backrohr ausschalten und den Käse im Backrohr vollständig – am besten über Nacht – auskühlen lassen. Beliebig in Würfel, Rechtecke oder Rauten schneiden oder Figuren ausstechen und in Feinkristallzucker wälzen.

Zutaten für 1 Backblech (10 Portionen)

Ausgekochte Quitten samt Schalen vom Quittengelee (siehe vorheriges Rezept)
gleiche Menge Kristallzucker
eventuell Walnüsse, Pistazien oder Pinienkerne, fein gehackt
Feinkristallzucker zum Wälzen

Tipp: Zwischen Backpapier in Schachteln oder Dosen trocken aufbewahren.

BE: 6,5 / Portion

Quittenmarmelade

Zutaten für etwa 1 Liter

100 g getrocknete Marillen
¼ l Orangensaft
1,3 kg Quitten
500 g Gelierzucker 2:1
1 TL Zitronenschale (unbehandelt), abgerieben
2 EL Zitronensaft

Marillen feinwürfelig schneiden; Orangensaft aufkochen, von der Hitze nehmen und Marillen darin quellen lassen. Inzwischen Quitten schälen, halbieren, entkernen und feinwürfelig schneiden, in einem Topf mit Gelierzucker, Zitronensaft und -schale gut vermengen und etwa 15 Minuten ziehen lassen. Unter ständigem Rühren aufkochen lassen, dann 3 Minuten sprudelnd kochen. Mit dem Stabmixer kurz pürieren, Marillen samt Saft unterrühren und Marmelade in Gläser füllen.

BE: 5,5 / 100 ml
H: 1 Jahr

Rhabarber-Erdbeer-Marmelade mit Zitronen

Erdbeeren putzen, waschen und vierteln und die halbe Menge pürieren. Rhabarber (geputzt und gewaschen) in etwa 1 cm dicke Stücke und Zitronenschale in feine Streifen schneiden. Rhabarber mit Erdbeeren, Erdbeerpüree, Zitronenstreifen und -saft sowie Gelierzucker vermengen. Zimtstange beifügen. Aufkochen lassen und unter Rühren etwa 8 Minuten sprudelnd kochen lassen. Gelierprobe machen. Von der Hitze nehmen, Zimtstange entfernen, halbe Menge Rum unterrühren und Marmelade in mit Rum ausgespülte Gläser füllen. Mit restlichem Rum übergießen.

Zutaten für 1 Liter

700 g Erdbeeren
400 g Rhabarber
Schale von 3 Zitronen
3 EL Zitronensaft
250 g Gelierzucker 2:1
1 Zimtstange
1/16 l Rum

BE: 2,5 / 100 ml
H: 8 Monate

Schwarzes Ribiselgelee mit Minze

Zutaten für etwa 1 Liter

2 ½ kg schwarze Ribiseln
850 g Gelierzucker 2:1
5 g Zitronensäure
1 Bund Minze

Ribiseln waschen, abtropfen lassen und verlesen. In einem großen Topf mit 600 ml Wasser bei geringer Hitze ganz langsam unter Rühren aufkochen, etwa 1 Minute sprudelnd kochen, von der Hitze nehmen und 1 Stunde ziehen lassen. Beeren mit Saft durch ein Sieb gießen. Ribiseln dabei gut durchdrücken und abtropfen lassen. Dicklichen Saft durch ein mit einem Mulltuch ausgelegtes Sieb gießen. Ergibt etwa 1 ½–1,6 Liter Ribiselsaft. Mit Gelierzucker und Zitronensäure verrühren und unter Rühren aufkochen; 3 Minuten sprudelnd kochen. Noch heiß Gläser füllen. Minze waschen, gut abtropfen lassen, von den Stielen zupfen und mit einem sauberen Löffelstiel in das noch flüssige Gelee drücken. Gläser verschließen.

BE: 9 / 100 ml
R: 1 Woche
H: 1 Jahr

Tipp: Statt Minze Zitronenmelisse verwenden.

Ribisel-Chili-Marmelade

Zutaten für 1 Liter

1 kg Ribiseln
3 Chilischoten
2 Limetten (unbehandelt)
500 g Gelierzucker 2:1
1 Bund Minze

Ribiseln waschen, abtropfen lassen und abrebeln. Chilischoten entkernen und fein hacken. Limettenschale abreiben und den Saft auspressen. Minze klein schneiden. Ribiseln in einen Topf geben und leicht zerdrücken. Chilischoten, Limettenschale und -saft sowie Gelierzucker beifügen und unter Rühren langsam aufkochen, sprudelnd 5 Minuten kochen lassen. Heiße Marmelade sofort in Gläser füllen.

BE: 5 / 100 ml
H: 1 Jahr

Ribiselgelee

Ribiseln abrebeln, waschen und gut abtropfen lassen. In einem großen Topf mit 600 ml Wasser bei geringer Hitze ganz langsam unter Rühren aufkochen und anschließend 1 Minute sprudelnd kochen; von der Hitze nehmen und etwa 1 Stunde ziehen lassen. Beeren mit Saft durch ein Sieb in einen anderen Topf gießen. Ribiseln dabei gut durchdrücken und abtropfen lassen. Den etwas dicklichen Saft durch ein mit einem Mulltuch ausgelegtes Sieb in einen anderen Topf passieren. Ergibt etwa 1 ½ l Saft. Mit Gelierzucker und Zitronensäure verrühren, unter ständigem Rühren aufkochen und 3 Minuten sprudelnd kochen. Das heiße Gelee sofort in Gläser füllen.

Zutaten für etwa 2 Liter

2 ½ kg Ribiseln
850 g Gelierzucker 2:1
1 Packung Zitronensäure (5 g)

BE: 4 / 100 ml
R: 1 Woche
H: 1 Jahr

Mürbe Torte mit Ribiselgelee

Biskotten in einem elektrischen Zerkleinerer (Moulinette) fein mahlen. Butter mit Staubzucker, Vanillezucker, Prise Salz, Zimt und Orangenschale mit dem Handrührgerät schaumig schlagen. Nach und nach Eier unterrühren. Biskottenbrösel, Mehl sowie Mandeln behutsam unterheben. Teig in einen Spritzsack mit glatter Tülle (Nr. 8) füllen.

Die halbe Menge spiralförmig auf den Boden einer bebutterten Springform (Durchmesser 26 cm) spritzen. Oblaten darauf verteilen. Aus der Hälfte des restlichen Teiges am Formrand entlang einen zweifachen Teigrand auf die Oblaten spritzen. Heidelbeergelee durch ein Sieb streichen und auf den Oblaten verstreichen. Restlichen Teig gitterförmig auf das Gelee dressieren, dabei immer am Rand abschließen.

Zutaten für 16 Stück

100 g Biskotten
180 g weiche Butter
180 g Staubzucker
1 Packung Vanillezucker
Salz
1 TL Zimt (gemahlen)
Schale von 1 Orange
3 Eier
170 g Mehl (glatt)
120 g Mandeln, gerieben
Butter für die Form
1 gr. oder 15 kl. Oblate(n)
270 g Ribiselgelee
Staubzucker zum Bestreuen

BE: 3 / Stück

Rumrosinen

Zutaten für 1 ¼ Liter

250 g Rosinen
2 Gewürznelken
100 g brauner Kandiszucker
1 l brauner Rum

Rosinen, Gewürznelken und Kandiszucker in ein gut verschließbares Gefäß geben. Mit dem Rum auffüllen. Das Gefäß verschließen, kräftig schütteln.
4–5 Tage ziehen lassen, bis die Rosinen sich prall mit Rum vollgesogen haben und der Zucker sich vollständig aufgelöst hat. Dann in Gläser füllen.

Tipp: Schmecken im Tee, aber auch zu Eis und Vanillecremes.

BE: 1,5 / 100 ml
H: 1 Jahr

Rosenblütenblättermarmelade

Zutaten für ½ Liter

250 g dunkelrote, stark duftende Rosenblüten
500 g Zucker
Saft von 2 Zitronen
Rosenwasser nach Belieben

Blütenblätter abzupfen, eventuelle weiße Teile entfernen und die Blätter in nicht zu kleine Stücke schneiden. Blätter in eine Schüssel geben und mit der halben Menge Zucker behutsam vermengen. Zugedeckt etwa 24 Stunden ziehen lassen.
Restlichen Zucker mit Zitronensaft sowie 1,1 Liter Wasser in einem großen Topf langsam erhitzen und unter ständigem Rühren den Zucker auflösen. Die gezuckerten Rosenblätter beifügen, Hitze etwas erhöhen und alles etwa 15 Minuten unter gelegentlichem Rühren kochen lassen, bis die Masse etwas eindickt, aber noch nicht den Gelierpunkt erreicht. Falls der Rosengeschmack zu schwach ist, etwas Rosenwasser beifügen. Marmelade in vorgewärmte Gläser füllen.

BE: 8,5 / 100 ml
H: 1 Jahr

Eingelegte Schwammerln

Zwiebel schälen und mit Nelken spicken. Essig mit Wein, Olivenöl, Zwiebel, in Würfeln geschnittenen Knoblauch, Salz, Lorbeerblatt, Thymian, Rosmarin, Pfefferkörnern und Zimtstange zum Kochen bringen. Fond bei geringer Hitze etwa 20 Minuten ziehen lassen.
Inzwischen Schwammerln putzen, je nach Größe halbieren oder vierteln. Fond durch ein Sieb seihen, nochmals aufkochen lassen. Jede Schwammerlsorte separat im Fond bei mittlerer Hitze etwa 5 Minuten kochen lassen. Mit einem Lochschöpfer herausnehmen. Schwammerlsorten vermengen und in saubere Gläser füllen, mit Fond übergießen. Schwammerln sollen gänzlich mit Fond bedeckt sein.

Zutaten für 1 Liter

1 kleine Zwiebel (etwa 70 g)
15 Gewürznelken
je 150 ml Weißwein und -essig
150 ml kalt gepresstes Olivenöl
2 Knoblauchzehen
1 TL Salz
1 Lorbeerblatt
2–3 Thymianzweige
1–2 Rosmarinzweige
8 Pfefferkörner
1 kleine Zimtstange
1 kg gemischte Schwammerl

Tipp: Es eignen sich Champignons, Eierschwammerln und Steinpilze.

BE: 0
H: 6 Monate

Veilchenmarmelade

Veilchen behutsam waschen, auf Küchenkrepp gut abtrocknen lassen, in Streifen schneiden und mit 250 ml Wasser überkochen. Von der Hitze nehmen. Vanilleschote der Länge nach aufschneiden und das Mark herauskratzen. Äpfel schälen, vierteln, entkernen und in kleine Würfel schneiden. Blütenblätter mit Kochwasser, Äpfeln, Vanillemark und -schote langsam unter Rühren zum Kochen bringen, dann 10 Minuten sprudelnd kochen lassen. Sofort in Gläser füllen.

Zutaten für ½ Liter

200 g Veilchen
150 g säuerliche Äpfel (Braeburn)
1 Vanilleschote
300 g Gelierzucker 1:1

BE: 5 / 100 ml
H: 1 Jahr

Vogelbeeren-Apfel-Gelee

Zutaten für etwa 1 Liter

1 kg Vogelbeeren
1 kg Äpfel
4 EL Zitronensaft
1 Vanilleschote
2 Zimtstangen
500 g Gelierzucker 2:1

Vogelbeeren waschen, gut abtropfen lassen und etwa 24 Stunden tiefkühlen.
Langsam auftauen lassen und anschließend behutsam von den Stielen streifen (am besten mit einer Gabel). Äpfel waschen und gut abtrocknen, vierteln und samt Schale sowie Kerngehäusen in Scheiben schneiden.
Früchte mit Zitronensaft im Dampfentsafter entsaften. Saft vollständig auskühlen lassen. Es sollte 1 l Saft sein.
Vanilleschote der Länge nach aufschneiden, Mark herauskratzen. Fruchtsaft mit Vanilleschote, Mark sowie Zimtstangen aufkochen lassen und 4 Minuten sprudelnd kochen; von der Hitze nehmen, Vanilleschote sowie Zimtstangen entfernen und heiß in Gläser füllen.

Tipp: Vogelbeeren (Schlehen) werden nach dem ersten Frost gesammelt, da durch den Frost ein Teil der Bitterstoffe verringert wird.
Auch das Einfrieren von Vogelbeeren reduziert Bitterstoffe in den Früchten. Trotzdem sind manche Sorten auch nach dem Einfrieren noch sehr bitter. Besonders gut geeignet ist z. B. die Sorte „Edulis".
Vogelbeeren lassen sich hervorragend mit Apfelsorten wie Elstar oder Cox Orange kombinieren.
Probieren Sie das Gelee zu Geflügel oder auch Käse.

BE: 7 / 100 ml
H: 1 Jahr

Grüne eingelegte Walnüsse

Zutaten für 3 ½ Liter

1 kg grüne Walnüsse
1 Vanilleschote
500 g Gelierzucker 1:1
600 g Kristallzucker
2 Zimtstangen
12 Gewürznelken
Schale von 2 Zitronen (unbehandelt), in Streifen geschnitten

Walnüsse mit eine dickeren Nadel mehrmals einstechen (Unbedingt Einweghandschuhe tragen, die grüne Schale der Nüsse enthält viel Gerbsäure, die auf Haut braune Flecken hinterlässt) und mit kaltem Wasser bedeckt 2–3 Wochen ziehen lassen. Wichtig: Wasser 2 x täglich wechseln!
Walnüsse in kaltem Wasser zustellen und bei geringer Hitze etwa 10 Minuten kochen lassen, abseihen und kalt abschrecken und gut abtropfen lassen. Vanilleschote der Länge nach aufschneiden. 1 ½ l Wasser mit Gelier- und Kristallzucker, Zimtstangen, Vanilleschoten, Gewürznelken sowie Zitronenschale aufkochen, Nüsse einlegen und im Gewürzsirup weich kochen (dauert etwa 15 Minuten). Nüsse in Gläser füllen und mit Gewürzsud übergießen. Während des Lagerns werden die Nüsse schwarz und ganz weich.

Tipp: Garprobe: Einige Nüsse mit einer Nadel anstechen, lässt sie sich leicht herausziehen, sind die Nüsse gar.
Die eingelegten Nüsse passen gut: als Garnitur für süsse Nussmehlspeisen oder zu einem Schmarren, zum Dekorieren für Torten und Kuchen. Auch als Einlage in aufgeschlagenen Wein- oder Zimtschaumsuppen und als Garnitur oder Einlage - in Scheiben geschnitten - in Pasteten und Terrinen. Sie eignen sich weiters zu Semmelfüllungen für Geflügel oder in braunen Wildsaucen. Sie schmecken auch fantastisch zu Blauschimmelkäse.

BE: 3 / 100 ml
R: 4–6 Wochen
H: 1 Jahr

Weichselmarmelade mit Vanille

Kirschen waschen, entstielen und entkernen. Die halbe Menge Weichseln mit dem Stabmixer pürieren. Fruchtmus, Weichseln, Vanillemark und Gelierzucker gut vermengen und unter Rühren zum Kochen bringen. 4 Minuten sprudelnd kochen lassen. Eventuell die fertige Marmelade mit etwas Rum abschmecken. Heiß in Gläser füllen.

Zutaten für 1 ½ Liter

1,2 kg Weichseln
Mark von 2 Vanilleschoten
500 g Gelierzucker 2:1

Tipp: Weichseln und Kirschen niemals unter "hartem" Wasserstrahl waschen, sondern behutsam abbrausen. Wichtig: Immer zuerst waschen und dann die Stängel entfernen, sonst verlieren Weichseln und Kirschen ihren kostbaren Saft. Mit einer Büroklammer, die Sie an einem Ende auseinanderbiegen, können Sie leichter Weichseln entkernen. Für grössere Mengen empfiehlt sich ein Kirschenentsteiner.

BE: 3,5 / 100 ml
H: 1 Jahr

Weichseln in Mandellikör

Weichseln waschen, die Stiele etwas kürzen und die Weichseln mit dem Zucker sowie den Mandeln in ein großes Glas schichten. Vanilleschoten der Länge nach aufschneiden und dazugeben. Mit dem Mandellikör auffüllen. Glas gut verschließen.

Zutaten für 3 Liter

1 kg Weichseln mit Stiel
200 g Kristallzucker
100 g Mandeln, geschält
2 Vanilleschoten
1 ½ l Mandellikör

BE: 3 / 100 ml
R: 4 Wochen, öfter schwenken
H: 1 Jahr

Weichselchutney

Zutaten für 400 ml

50 g Weichseln
2 kernlose Orangen
200 g rote Zwiebeln
1 ½ EL Rosmarinnadeln
2–3 rote Chilischoten
30 g frische Ingwerwurzel
1 ½ TL grüne Pfefferkörner (eingelegt)
150 ml Rotweinessig
200 g Kristallzucker

Kirschen waschen, entstielen und entsteinen. Orangen schälen, dabei auch die weiße Haut entfernen und die Orangen filetieren. Zwiebeln schälen und grobwürfelig schneiden. Rosmarin fein hacken. Chilischoten entkernen und feinwürfelig schneiden. Ingwer schälen und in sehr kleine Würfel schneiden. Pfefferkörner gut abtropfen lassen und hacken. Rotweinessig mit Zucker aufkochen. Alle Zutaten beifügen und bei mittlerer Hitze etwa 40–45 Minuten dicklich einkochen. Dabei öfter umrühren. Chutney in Gläser füllen.

Tipp: Schmeckt gut zu Geflügelpasteten.

BE: 5 / 100 ml
R: 3 Wochen
H: 8 Monate

Weichselkompott mit Zimt und Ingwer

Zutaten für 4 Liter

1 Orange (unbehandelt)
650 g Kristallzucker
3 kg Weichseln
60 g Ingwerwurzel
2 Zimtstangen
1 Vanilleschote

Orange heiß waschen, gut trockenreiben, dünn abschälen und die Schale beiseite geben. Orange auspressen. Zucker mit 1 Liter Wasser aufkochen, Orangensaft dazugeben, von der Hitze nehmen und abkühlen lassen.
Weichseln waschen, gut abtropfen lassen und entstielen. Ingwer schälen und in dünne Scheiben schneiden. Zimtstangen halbieren. Vanilleschote in 4 Stücke schneiden. Weichseln, Ingwer, Zimtstangen, Vanilleschoten und Orangenschale auf 4 saubere Gläser verteilen. Zuckerlösung einfüllen, bis die Früchte bedeckt sind. Gut verschließen. Gläser nebeneinander in einen breiten Topf stellen und bis zu ⅓ unter dem Glasrand mit Wasser füllen. Kompott 30 Minuten bei 80 °C einkochen. Herausnehmen und abkühlen lassen.

BE: 2 / 100 ml
R: 3 Wochen
H: 6 Monate

Weichseln in Amaretto und Rum

Zutaten für 2 ¼ Liter

1,2 kg Weichseln, entsteint
750 g Kristallzucker
Saft von 2 Zitronen
⅛ l Amaretto
⅛ l starker Rum

Weichseln waschen, abtropfen und entkernen. Saft auffangen und mit Zucker sowie Zitronensaft vermengen und erhitzen, bis sich der Zucker vollständig aufgelöst hat. Weichseln in Gläser füllen, mit dem Sirup übergießen und 1 Stunde ziehen lassen. Amaretto mit Rum vermischen und über die Weichseln gießen.

BE: 3,5 / 100 ml
R: 1 Monat
H: 1 Jahr

Weintrauben in Riesling-Gelee

Zutaten für 1 Liter

1 kg kernlose Weintrauben
175 g Kristallzucker
25 g Geliermittel 3:1
¾ l Riesling (trocken)
1 ½–2 TL Verbene (getrocknet), zerrieben

Trauben entstielen, sorgfältig waschen, abtropfen lassen und randhoch in Gläser füllen.
Zucker mit Gelfix verrühren, in einen Topf geben, mit Wein aufgießen und unter ständigem Rühren bei großer Hitze zum Kochen bringen und 3 Minuten sprudelnd kochen lassen.
½ Minute vor Ende der Garzeit Verbene beifügen.
Über die Trauben gießen und die Gläser sofort verschließen.
Gläser in einen Topf stellen und bis knapp unter den Gläserrand mit heißem Wasser auffüllen; zum Kochen bringen und 20 Minuten sprudelnd kochen lassen. Gläser aus dem Topf nehmen und auf Küchentüchern gut abtropfen lassen.

BE: 3 / 100 ml
R: 1 Woche
H: 1 Jahr

Weintraubenkompott mit Spätlese

Weintrauben waschen, abrebeln, kurz blanchieren, kalt abschrecken und mit einem kleinen Gemüsemesser schälen; bis zum Rand in Gläser füllen. Behutsam festdrücken.
Vanilleschote der Länge nach aufschneiden und das Mark herauskratzen. Wein, ¼ l Wasser, Zucker, Zimtstange, Gewürznelken sowie Vanilleschote und Mark gut verrühren und aufkochen. Weinfond über die Trauben gießen und die Gläser gut verschließen.
Gläser in eine passende Form stellen und so viel heißes Wasser zugießen, dass die Gläser zu ¾ im Wasser stehen. Im vorgeheizten Rohr bei 80 °C etwa 35 Minuten pochieren. Hinweis: Die Temperatur darf nicht höher sein, da die Trauben sonst platzen! Gläser aus dem Wasserbad heben und umgedreht auf ein trockenes Tuch stellen.

Zutaten für 1 Liter

1 kg kernlose Weintrauben
½ Vanilleschote
¼ l Spätlese
150 g Kristallzucker
1 kleines Stück Zimtstange
2 Gewürznelken
Spritzer Zitronensaft

BE: 2,5 / 100 ml
H: 1 Jahr

Zucchini-Zwiebel-Chutney

Zucchini waschen, putzen und in Scheiben schneiden. Zwiebeln schälen und feinwürfelig schneiden. Beides mit Salz vermengen und zugedeckt mindestens 6 Stunden ziehen lassen.
Äpfel schälen, vierteln, entkernen und in kleine Würfel schneiden. Orangen filetieren, dabei die Kerne entfernen und die Filets in kleine Stücke schneiden. Essig mit Fruchtzucker aufkochen, solange kochen bis sich der Zucker vollständig aufgelöst hat. Vorbereitetes Gemüse und Früchte sowie Gewürze, Zitronenschale und Knoblauch beifügen und unter Rühren etwa 10 Minuten kochen lassen. Heiß in Gläser füllen.

Zutaten für etwa 1 ½ Liter

750 g Zucchini
250 g Zwiebeln
Salz, Pfeffer
250 g säuerliche Äpfel
175 g Orangen, geschält
125 ml Kräuteressig
100 g Fruchtzucker
1 TL Senfkörner
je 1 Prise Zimt und Piment
½ TL Senfpulver
½ TL Fenchelsamen
Schale von 1 Zitrone
1 Knoblauchzehe, zerdrückt

BE: 0,9 / 100 ml
H: 4 Monate

Kräuterzucchini

Zutaten für 2 Liter

1 ¼ kg möglichst gleich große Zucchini
2 TL Salz
20 g Petersilie
20 g frischer Thymian und Rosmarin, von den Zweigen abgezupft
5 Knoblauchzehen
Salz
125 ml Weißweinessig
Pfeffer aus der Mühle
300 ml Olivenöl

Zucchini waschen, Blütenansätze und Enden wegschneiden. Zucchini in etwa ½ cm dicke Scheiben schneiden, nebeneinander auf Küchenkrepp legen, mit 1 TL Salz bestreuen und etwa 30 Minuten ziehen lassen. Flüssigkeit, die sich auf der Oberfläche gesammelt hat, mit Küchenkrepp trockentupfen. Zucchini wenden, mit restlichem Salz bestreuen und nochmals 30 Minuten ziehen lassen. Wieder trockentupfen. Öl in einer Pfanne erhitzen und die Zucchinischeiben in mehreren Etappen darin hellbraun ausbacken. Auf Küchenkrepp gut abtropfen lassen.
Inzwischen Kräuter hacken. Knoblauch schälen und in dünne Scheiben schneiden, salzen und mit dem Messerrücken pastenartig zerdrücken. Essig mit Knoblauch, Kräutern, Pfeffer und Öl gut verrühren. Zucchini mit der Marinade behutsam vermengen und in Gläser füllen.

Tipp: Schmecken sehr gut als Antipasti mit Salami, Prosciutto, Käse und knusprigem Weissbrot.

BE: 0
R: im Kühlschrank 2 Tage
H: im Kühlschrank 3 Wochen

Zucchinikraut mit Paprika

Zutaten für etwa 1 ½ Liter

1 ½ kg Zucchini
2 große Zwiebeln
2 rote Paprikaschoten
1 EL Salz
100 g Kristallzucker
¼ l milder Weißweinessig

Zucchini waschen, putzen und grob raffeln. Zwiebeln schälen und in feine Ringe schneiden. Paprikaschoten putzen, entkernen und in feine Würfel schneiden. Alles mit Salz gut vermengen und zugedeckt etwa 4 Stunden ziehen lassen. Gut ausdrücken. 500 ml Wasser mit Zucker und Essig aufkochen, Gemüse beifügen und bei mittlerer Hitze 3–4 Minuten kochen lassen. Heiß in Gläser füllen.

Tipp: Sehr gut zu gekochtem, kaltem Rindfleisch, zu Sulzen und Gegrilltem.

BE: 0,5 / 100 ml
H: 6 Monate

Zwetschkenröster

Zutaten für etwa 1 Liter

1 kg Zwetschken
250 g Kristallzucker
1 Zimtstange
3 Gewürznelken
Saft und Schale von 1 Zitrone
eventuell 80 ml Rum

Zwetschken waschen, halbieren und entkernen. Mit Zucker, Zimtstange, Gewürznelken sowie Zitronensaft und -schale aufkochen und zugedeckt bei geringer Hitze etwa 15 Minuten weich dünsten. Die Schalen beginnen sich einzurollen. Eventuell mit Rum abschmecken. Heiß in Gläser füllen.

BE: 3 / 100 ml
H: 8 Monate

Rumzwetschken

Zwetschken waschen, trockentupfen und mit einer Nadel mehrmals einstechen.
250 ml Wasser mit Zucker, Zitronenschale und Zimtstange aufkochen, Zwetschken einlegen und bei geringer Hitze etwa 2–3 Minuten ziehen lassen. Beide Rumsorten beifügen und die Zwetschken unter Wenden etwa 30 Sekunden ziehen lassen. Früchte in Gläser füllen und mit Rumsud übergießen.

Zutaten für 1 Liter

500 g Zwetschken
250 g Kristallzucker
Schale von 1 Zitrone (unbehandelt), in 2–3 größere Stücke abgeschnitten
1 kleine Zimtstange
4 EL weißer Rum
5 EL brauner Rum

BE: 2,5 / 100 ml
R: 4 Wochen
H: 1 Jahr

Zwetschkenmus mit Amaretto

Zwetschken waschen, halbieren, entkernen und grobwürfelig schneiden. In einen großen Topf geben, unter Rühren langsam erhitzen und weich kochen.
Zwetschken mit 100 g Zucker vermengen, in die Saftpfanne des Backrohrs geben und im vorgeheizten Rohr bei 150 °C auf 2. Schiene von unten bei leicht geöffneter Backrohrtür (Kochlöffel einklemmen) etwa 30 Minuten eindicken lassen. 100 g Zucker unterrühren und weiter 30 Minuten garen lassen. So verfahren, bis der Zucker vollständig aufgebraucht ist. Amaretto unterrühren und sofort in Gläser füllen.

Zutaten für 1 ¼ Liter

2 kg Zwetschken
400 g Kristallzucker
125 ml Amaretto

Tipp: Ganz einfach: Nicht im Topf gekocht, sondern im Backrohr eingedickt!

BE: 4,5 / 100 ml
H: 1 Jahr

Zwetschkenmarmelade

Zutaten für etwa 1 ¼ Liter

500 g Zwetschken, entkernt
⅛ l Weißwein
700 g Äpfel
1 EL Zimt
2 EL geröstete Haselnüsse, gehackt
3 EL Slibowitz
2 Gewürznelken
500 g Gelierzucker 2:1

Äpfel schälen, entkernen und würfelig schneiden. Zwetschken mit Weißwein und Äpfeln etwa 5 Minuten dünsten lassen; anschließend mit dem Stabmixer pürieren, restliche Zutaten beifügen und langsam zum Kochen bringen. 4 Minuten sprudelnd kochen lassen. Heiß in Gläser füllen.

BE: 4 / 100 ml
H: 6 Monate

Zwiebelmarmelade

Zutaten für 750 ml

400 g Schalotten
80 g Butter
80 g Zucker
100 ml Balsamessig
400 ml Weißwein (trocken)
2 EL Honig
Prise Piment (gemahlen)
Salz
Pfeffer aus der Mühle

Schalotten schälen, kleinwürfelig schneiden. Butter schmelzen, Zucker darin hell karamellisieren lassen. Schalotten beifügen und bei geringer Hitze hell anrösten. Mit Balsamessig aufgießen, einkochen lassen, anschließend den Wein dazugießen. Honig, Piment sowie Salz beifügen und bei geringer Hitze etwa 30 Minuten zugedeckt kochen lassen. Deckel entfernen und die Zwiebeln dicklich einkochen. Pfeffern und eventuell abschmecken, in Gläser füllen, fest verschließen.

BE: 1,5 / 100 ml
R: 2–3 Tage
H: 6 Monate

Rotes Zwiebel-Confit

Zwiebeln schälen und längs so in 1 cm dicke Spalten schneiden, dass sie am Wurzelende noch etwas zusammenhängen. Staubzucker in einem großen Topf schmelzen, Öl beifügen und den Zucker hell karamellisieren lassen. Zwiebeln beifügen und darin wenden. Nelken, Zimtstangen, Zitronenschale, Rosmarin und Cassis dazugeben. Anschließend nach und nach Rotwein dazugießen. Mit Salz, Pfeffer und Rotweinessig würzen.

Zwiebeln offen bei mittlerer Hitze 35–40 Minuten kochen, bis die Flüssigkeit fast verkocht ist. Zuletzt Zimtstangen, Nelken, Zitronenschale und Rosmarin entfernen, Confit in Gläser füllen.

Zutaten für 1 ½ Liter

2 kg rote Zwiebeln
100 g Staubzucker
2–3 EL Öl
4 Gewürznelken
2 Zimtstangen
Schale von 1 Zitrone
2 Rosmarinzweige
7 EL Johannisbeerlikör (Cassis)
¼ l Rotwein (trocken)
Salz
Pfeffer aus der Mühle
7–8 EL Rotweinessig

BE: 1 / 100 ml
H: 3 Monate

Knoblauch-Zwiebeln

Schalotten etwa 1 Minute in Salzwasser blanchieren, im Sieb gut abtropfen und etwas überkühlen lassen; schälen. Knoblauch schälen und zweimal in Salzwasser jeweils 30 Sekunden blanchieren, abschrecken und abtropfen lassen. Essig mit Zucker und allen Gewürzen aufkochen, Hitze auf niedrigste Stufe reduzieren. Schalotten sowie Knoblauch einlegen und unter dem Siedepunkt etwa 1 ¾ Stunden garen. Aus dem Sud nehmen und in saubere Gläser geben. Sud nochmals aufkochen und heiß über das Gemüse gießen.

Zutaten für 1 ½ Liter

1 ¾ kg runde Schalottenzwiebeln
Salz
10 Knoblauchzehen
1 l Weißweinessig
750 g Zucker
10 Kardamomkapseln
1 TL Koriandersamen
½ TL weiße Pfefferkörner
1 etwa 10 cm lange Zimtstange, halbiert

BE: 4,5 / 100 ml
R: 1 Woche
H: 8 Monate

Tutti Frutti

Rumtopf

Zutaten für 8 Liter

500 g kleine Erdbeeren, gewaschen, geputzt, gut trockengetupft
500 g Kristallzucker
je 2 Zimtstangen, Gewürznelken, Sternanis und Vanilleschoten
3 Flaschen Rum (54%)
jeweils 350 g Früchte der Saison (z. B. Stachelbeeren, Marillen, Kirschen, Pfirsiche, Birnen, Nektarinen, Zwetschken, Ananas)

Erdbeeren mit Zucker gut vermengen und zugedeckt über Nacht ziehen lassen. Erdbeeren mit den Gewürzen in ein hohes lichtundurchlässiges Gefäß geben und mit Rum übergießen. Sie müssen 2 cm hoch mit Rum bedeckt sein. Mit einem großen Teller beschweren (damit die Früchte nicht aufschwimmen) und mit Frischhaltefolie abdecken.
Zweimal wöchentlich die Rumfrüchte vorsichtig mit einem langstieligen, sterilen Löffel umrühren.
Wann die nächsten Früchte beigefügt werden, hängt vom Saisonangebot ab. Jede Fruchtsorte sollte etwa 10–12 Tage gut durchziehen. Jede Fruchteinlage immer mit Frischhaltefolie abdecken und mit Teller beschweren.
Jede Fruchtsorte mit 150 g Zucker vermengen und zugedeckt über Nacht kühl stellen. Anschließend Früchte in das Gefäß geben und mit Rum aufgießen. Die Früchte immer 2 cm hoch mit Rum bedecken. Den Abschluss bildet die Ananas. Ananas schälen, vierteln, Strunk entfernen und Fruchtfleisch in kleine Stücke schneiden.

Tipp: Immer nur reifes, einwandfreies Obst verwenden.
Richtiges Vorbereiten der einzelnen Früchte: z. B. Stachelbeeren: Blütenansätze entfernen, Beeren mit einer Nadel leicht einstechen. Kirschen, Weichseln: ein Teil der Kirschen wird nicht entkernt, das ergibt ein gutes Mandelaroma. Marillen, Nektarinen und Pfirsiche blanchieren, kalt abschrecken, schälen und entsteinen. Zwetschken halbieren und entkernen. Birnen vierteln, entkernen. Himbeeren geben dem Rumtopf zwar ein feines Aroma, werden aber leicht matschig.
Sollte der Rumtopf trotz peinlichster Sauberkeit zu gären beginnen, kann man durch einen kräftigen Schuss reinem Weingeist die Gärung unterbinden. Traditionell wird der Rumtopf erst am 1. Adventsonntag probiert.

BE: ca. 4,5 / 100 ml (große Unterschiede nach Art der Früchte und Gesamtfruchtmenge)
H: 8 Monate

Überbackene Rumtopffrüchte

Biskuit: Eier trennen. Eiklar zu festem Schnee schlagen, Zucker nach und nach einschlagen und den Schnee nochmals steif aufschlagen. Zitronenschale untermengen. Dotter verquirlen und behutsam nach und nach unter den Eischnee ziehen. Mehl nach und nach unterheben.

Masse auf ein mit Backtrennpapier ausgelegtes Backblech streichen und im vorgeheizten Rohr auf mittlerer Schiene bei 180 °C etwa 12 Minuten backen. Auf ein mit Kristallzucker bestreutes Backtrennpapier stürzen, das mitgebackene Papier ablösen. Rumfrüchte samt Saft erwärmen. Eine Auflaufform mit Biskuit auslegen und mit dem Saft der Rumfrüchte beträufeln.

Souffleemasse: Eiklar mit Kristallzucker zu steifem Schnee schlagen, Vanillezucker und Zitronenschale beifügen. Dotter mit Mehl glatt rühren und behutsam unter den Schnee heben.

Aus der Masse mit einer Teigkarte große Nocken „abstechen“ und auf die vorbereiteten Früchte setzen. Im vorgeheizten Rohr bei 220 °C etwa 8–10 Minuten backen.

Backrohr nicht öffnen!

Zutaten für 4 Portionen

Biskuit:
6 Eier
140 g Staubzucker
Schale von ½ Zitrone (unbehandelt), abgerieben
120 g Mehl (glatt)
20 g Kristallzucker
8 EL Rumtopffrüchte

Souffleemasse:
8 Eiklar
50 g Kristallzucker
1 Packung Vanillezucker
Schale von ½ Zitrone (unbehandelt), abgerieben
5 Dotter
30 g Mehl (glatt)

BE: 7 / Portion

Süß-pikantes Gemüse

Zutaten für ¾ Liter

800 g verschiedene Gemüse (z. B. Karotten, Fenchel, gelbe und grüne Patisson)
1 cm frischer Ingwer
200 ml Weißweinessig
1 TL Chiliflocken
½ TL Senfkörner
½ TL Kardamom (gemahlen)
20 g Kandiszucker oder brauner Zucker
etwa 1 TL Salz

Gemüse waschen, putzen, eventuell schälen und in etwa 3–4 cm große Stücke schneiden.
400 ml Wasser mit den restlichen Zutaten gut verrühren und aufkochen. Gemüse in der Reihenfolge der benötigten Garzeiten in den Gewürzsud geben und bissfest kochen.
Gemüse in Gläser füllen. Den Sud nochmals aufkochen, darübergießen und Gläser sofort gut verschließen.

BE: 0,5 / 100 ml
R: 2 Wochen
H: 4 Monate

Senffrüchte

Zutaten für 1 Liter

250 g grüne Stachelbeeren
500 g Marillen
3 kleine, rote Chilischoten
50 g Rosinen
⅛ l Apfelessig
250 g Gelierzucker 2:1
3 EL mittelscharfer Senf

Stachelbeeren waschen, putzen, halbieren oder vierteln. Marillen waschen, halbieren, entkernen. Die halbe Menge würfelig schneiden. Chilischoten in dünne Ringe schneiden. Alles mit den Rosinen vermengen.
Essig mit Gelierzucker sowie ¼ l Wasser verrühren. Fruchtmischung beifügen und unter Rühren aufkochen, dann 3 Minuten sprudelnd kochen; von der Hitze nehmen, Senf unterrühren und sofort in Gläser füllen.

BE: 3 / 100 ml
R: 2 Wochen
H: 1 Jahr

Exotische Senffrüchte

Zwergorangen waschen und gut abtropfen lassen. Dreimal hintereinander mit heißem Wasser überkochen und kalt abschrecken; Zwergorangen gut abtropfen lassen, halbieren und entkernen.

Papaya schälen, längs halbieren, mit einem Löffel die Kerne entfernen. Mango schälen und Fruchtfleisch vom Stein schneiden. Ananas großzügig schälen, achteln, harten Strunk entfernen. Obst in etwa 2 cm große Stücke schneiden.

Ingwer schälen und in sehr dünne Scheiben schneiden. Senfpulver mit Weinessig – am besten mit einer Schneerute – glatt rühren. 150 ml Wasser mit Ingwer, Senfpulver-Essig, Zucker, Sternanis und Salz unter Rühren aufkochen und so lange kochen, bis sich der Zucker vollständig aufgelöst hat. Zwergorangen beifügen und 2 Minuten sprudelnd kochen. Anschließend Mango-, Papaya- und Ananasstücke unter vorsichtigem Rühren nochmals aufkochen. Das in wenig kaltem Wasser aufgelöste Stärkemehl unterrühren und nochmals aufkochen. Sofort in Gläser füllen

Zutaten für 1 ½ Liter

300 Zwergorangen (Kumquats)
1 Papaya (etwa 400 g)
1 Mango (500 g)
1 kleine Ananas (etwa 1,2 kg)
50 g frische Ingwerwurzel
40 g Senfpulver
150 ml Weißweinessig
700 g Kristallzucker
6 Sternanis
½ TL Salz
1 EL Stärkemehl

BE: 5,5 / 100 ml
H: 3 Monate

Sangria-Gelee

Zutaten für 2 ¾ Liter

1 Zitrone (unbehandelt)
3 Orangen (unbehandelt)
je 400 ml roter Traubensaft und Rotwein
1 Zimtstange
500 g säuerliche Äpfel
350 g Bananen
3 kandierte Orangenscheiben
500 g Gelierzucker 3:1
4 EL Brandy

BE: 2 / 100 ml
H: 6 Monate

Schale von der Zitrone und von 1 Orange dünn in Streifen abschälen. Zitrone und Orangen auspressen. Traubensaft, Rotwein und Orangensaft (300 ml) mit Orangen- und Zitronenschale sowie Zimtstange aufkochen; 30 Minuten ziehen lassen. Die dabei aufsteigenden Trübstoffe abschöpfen.
Äpfel schälen, achteln, entkernen, in kleine Stücke schneiden. Bananen schälen, der Länge nach halbieren und klein schneiden. Beides mit Zitronensaft vermengen. Kandierte Orangenscheiben in Segmente schneiden, beifügen.
Weinsud durch ein feines Sieb in einen Topf gießen; mit Gelierzucker vermengen und bei geringer Hitze aufkochen. Unter Rühren 3 Minuten sprudelnd kochen lassen, nach 2 Minuten Apfel-, Bananen- und kandierte Orangenstücke dazugeben und sprudelnd mitkochen. Mit dem Brandy abschmecken und sofort in Gläser füllen.

Birnen und Dörrzwetschken in Rotwein

Zutaten für 3 Liter

2 Zitronen (unbehandelt)
15 g frische Ingwerwurzel
7 kleine Birnen (à etwa 200 g)
150 g Kristallzucker
1,1 l Rotwein (halbtrocken)
2 Vanilleschoten
5 Gewürznelken
1 TL Korianderkörner
2 Zimtstangen
250 g weiche Dörrzwetschken

BE: 1,5 / 100 ml
R: 4 Tage
H: 6 Monate

Schale von 1 Zitrone dünn abschälen, beide Zitronen auspressen. Ingwer schälen und in dünne Scheiben schneiden. Birnen schälen, halbieren, Kerngehäuse mit einem Kugelausstecher entfernen. Birnenhälften sofort mit Zitronenwasser beträufeln.
Zucker hellbraun karamellisieren, mit Rotwein aufgießen und so lange kochen, bis sich der Zucker vollständig aufgelöst hat. Vanilleschoten der Länge nach aufschneiden. Zitronenschale, Ingwer, Vanilleschoten, Nelken, Koriander und Zimt beifügen und zugedeckt bei geringer Hitze kochen lassen.
Birnenhälften und Dörrzwetschken dazugeben und offen bei geringer Hitze etwa 10 Minuten kochen lassen. Obst mit einem Lochschöpfer herausheben und in Gläser füllen. Mit Rotweinsud und den Gewürzen bedecken.

Kalt gerührte Beerenmarmelade

Zutaten je nach Bedarf

jeweils die gleiche Menge Früchte und Feinkristallzucker
je nach Menge 2 bis 3 EL Gelierzucker 1:1

Die Früchte mit dem Zucker so lange verrühren bis sich der Zucker mit den Früchten völlig vermischt hat und in die Fruchtmasse voll eingebunden ist. Für einige Stunden kühl stellen. Anschließend wieder gut durchrühren oder mixen. Den Vorgang einige Male wiederholen und die Fruchtmasse dazwischen immer wieder kühl stellen.
Zuletzt in kleine, vollkommen Gläser abfüllen und so lange (einige Wochen) kühl stellen, bis sich eine Zuckerschicht an der Oberfläche der Marmelade abgesetzt hat. Sie ist dann sehr lange haltbar.
Die Marmelade nach dem Öffnen schnell verbrauchen.

Tipp: Für dieses Rezept danke ich Traudl Wolfschwenger. Es sind für diese Zubereitungsart nur ausgesuchte, unbeschädigte und reife (!) Beeren (Erdbeeren, Himbeeren, Brombeeren) geeignet. Die Beeren nur kurz waschen.

BE: 4,5 / 100 ml
R: 4 Wochen
H: 1 Jahr

Rezeptregister

Speisenrezepte

Fruchtregister

Glossar

Biskotten – Löffelbiskuit
Dirndln – Kornelkirschen
Erdäpfel – Kartoffeln
Fisolen – grüne Bohnen
Germ – Hefe
Heidelbeeren – Blaubeeren
Karotten – Möhren
Kohl – Wirsing
Kraut – Weißkohl
Kren – Meerrettich
Marillen – Aprikosen
Melanzani – Auberginen
Obers – Schlagsahne
Paradeiser – Tomaten
Ribiseln – Johannisbeeren
Röster – gedünstetes Obst
Schwammerln – Pilze
Staubzucker – Puderzucker
Weichseln – Sauerkirschen
Zwetschken – Pflaumen
Zwetschkenröster – gedünstete Pflaumen

BE – Broteinheiten
R – Rastzeit
H – Haltbarkeit

TL – Teelöffel
EL – Esslöffel

Andrea Karrers Töpfen

Immer der Nase nach! Bärlauch ist gesund und eignet sich für die raffiniertesten Kombinationen. Ob in Suppen, Vorspeisen, in Kombination mit Fleischlichem oder besonders fein in Fischgerichten – der erste Frühlingsbote ist sehr wandlungsfähig. Abwechslungsreiche und aromatische Entdeckungen lassen sich auch mit seinen Geschwistern, dem Knoblauch und dem Lauch, machen.

www.residenzverlag.at